Saint-Exupéry | Avec le cœur

Fremdsprachentexte | Französisch

Antoine de Saint-Exupéry

Avec le cœur

Les meilleures citations

Ausgewählt und herausgegeben von Ernst Kemmner

Reclam

RECLAMS UNIVERSAL-BIBLIOTHEK Nr. 19966
2020 Philipp Reclam jun. Verlag GmbH,
Siemensstraße 32, 71254 Ditzingen
Gestaltung: Cornelia Feyll, Friedrich Forssman

Druck und Bindung: Kösel GmbH & Co. KG,
Am Buchweg 1, 87452 Altusried-Krugzell
Printed in Germany 2020
RECLAM, UNIVERSAL-BIBLIOTHEK und
RECLAMS UNIVERSAL-BIBLIOTHEK sind eingetragene Marken
der Philipp Reclam jun. GmbH & Co. KG, Stuttgart
ISBN 978-3-15-019966-4
www.reclam.de

Inhalt

Antoine de Saint-Exupéry, Selbstporträt

L'amour, l'amitié, le bonheur

Quand un hasard éveille l'amour, tout s'ordonne dans l'homme selon cet amour, et l'amour lui apporte le sentiment de l'étendue. PG

Quand une femme me paraît belle, je n'ai rien à en dire. Je la vois sourire, tout simplement. Les intellectuels démontent le visage, pour l'expliquer par ses morceaux, mais ils ne voient plus le sourire. Connaître, ce n'est point démonter, ni expliquer. C'est accéder à la vision. Mais, pour voir, il convient d'abord de participer. Cela est dur apprentissage … PG

2 **le °hasard:** Zufall. | **éveiller:** (er)wecken. | **s'ordonner:** sich (an)ordnen. | 3 **selon:** gemäß, entsprechend; hier: nach. | 4 **une étendue:** Weite. ≈ 7 **démonter qc:** etwas zerlegen. | 9 **ne … point:** gar nicht, überhaupt nicht. | 9 f. **accéder à la vision:** zum Sehen gelangen. | 10 **il convient de faire qc:** es ist angezeigt, etwas zu tun; man sollte etwas tun. ≈

L'amour, une fois qu'il ait germé, pousse des racines qui n'en finissent plus de croître. PG

L'amour, on ne le discute pas. Il est. PG

L'amour ne me fait pas parler: il m'empêche de parler. Il ne me délivre pas; il m'enferme. Et en même temps, il m'est nécessaire … Je m'embrouille dans l'amour. J'y suis décevant et contradictoire. Mais la tendresse ou l'amitié, une fois qu'elles ont germé en moi, n'en finissent pas d'y vivre. LH

1 **une fois que:** sobald; wenn … erst einmal. | **germer:** keimen. | **pousser des racines:** Wurzeln treiben (*la racine:* Wurzel). | 2 **n'en finir plus de faire qc:** nicht mehr (damit) aufhören, etwas zu tun. | **croître:** wachsen. ≈ 5 **délivrer qn:** jdn. befreien. | 6 **s'embrouiller dans qc:** in etwas verwickelt werden; hier: sich in etwas verlieren. | 7 **décevant, e:** enttäuschend. | **contradictoire:** widersprüchlich. | 8 **une fois que:** sobald; wenn … erst einmal. | 8 f. **n'en finir pas de faire qc:** nicht mehr (damit) aufhören, etwas zu tun. ≈

Ne confonds point l'amour avec le délire de la possession, lequel apporte les pires souffrances. Car au contraire de l'opinion commune, l'amour ne fait point souffrir. Mais l'instinct de propriété fait souffrir, qui est le contraire de l'amour. Cit

Il faut allaiter longtemps un enfant avant qu'il exige. Il faut longtemps cultiver un ami avant qu'il réclame son dû d'amitié. LO

L'ami d'abord c'est celui qui ne juge point. Cit

1 **confondre qc avec qc:** etwas mit etwas verwechseln. | **le délire:** Wahn(sinn); hier: Rausch. | 2 **apporter qc:** hier: etwas mit sich bringen. | **la souffrance:** Leid(en). | 3 **commun, e:** gemeinsam; hier: gängig. | 4 **un instinct de propriété** (f.): Besitzanspruch. | **faire souffrir:** Leid verursachen. ≈ 6 **allaiter un enfant:** ein Kind säugen, einem Kind die Brust geben. | **exiger:** hier: fordernd werden, Forderungen stellen. | 7 **cultiver un ami:** etwa: eine Freundschaft pflegen. | 7f. **réclamer son dû:** fordern, was einem zusteht. ≈ 9 **ne … point:** gar nicht, überhaupt nicht. ≈

Ment l'amoureux qui te prétend que nuit et jour il est habité par l'image de sa bien-aimée. Une puce l'en détourne, car elle pique. Ou le simple ennui, et il bâille. Cit

---

Puisque je suis d'eux, je ne renierai jamais les miens, quoi qu'ils fassent. Je ne prêcherai jamais contre eux devant autrui. S'il est possible de prendre leur défense, je les défendrai. S'ils me couvrent de honte, j'enfermerai cette honte dans mon cœur, je me tairai. Quoi que je pense alors sur eux, je ne servirai jamais de témoin à charge. PG

---

1 **prétendre à qn:** gegenüber jdm. behaupten. | 2 **être habité, e par qc:** von etwas erfüllt sein. | **le bien-aimé / la bien-aimée:** Geliebte(r), Liebste(r). | **la puce:** Floh. | 3 **détourner qn de qc:** jdn. von etwas ablenken. | **un ennui:** Langeweile. | 4 **bâiller:** gähnen. ≈ 5 **je suis d'eux:** etwa: ich gehöre zu ihnen, ich gehöre ihnen an. | **renier qn:** jdn. verleugnen. | **les miens/miennes:** die Mein(ig)en. | 6 **prêcher contre qn:** etwa: gegen jdn. lästern. | 7 **autrui:** ein(e) andere(r). | 7f. **prendre la défense de qn:** jdn. verteidigen. | 8 **couvrir qn de °honte** (f.): jdm. (große) Schande machen. | 11 **le témoin à charge** (f.; jur.): Belastungszeuge. ≈

Rien, jamais, en effet, ne remplacera le compagnon perdu. On ne se crée point de vieux camarades. Rien ne vaut le trésor de tant de souvenirs communs, de tant de brouilles, de réconciliations, de mouvements du cœur. On ne reconstruit pas ces amitiés-là. Il est vain, si l'on plante un chêne, d'espérer s'abriter bientôt sous son feuillage.

Ainsi va la vie. Nous nous sommes enrichis d'abord, nous avons planté pendant des années, mais viennent les années où le temps défait ce travail et déboise. Les camarades, un à un, nous retirent leur ombre. Et à nos deuils se mêle désormais le regret secret de vieillir. TdH

2 **se créer qc/qn:** sich etwas/jdn. (er)schaffen. | **ne … point:** gar nicht, überhaupt nicht. | 3 **valoir qc:** einer Sache gleichkommen. | **le trésor:** Schatz. | **commun, e:** gemeinsam. | 4 **la brouille:** Zwist, Streitigkeit. | **la réconciliation:** Versöhnung. | 4 f. **le mouvement du cœur:** Herzensregung. | 6 **vain, e:** eitel, nichtig; hier: vergeblich. | **le chêne:** Eiche. | **s'abriter:** Schutz finden. | 7 **le feuillage:** Blätterwerk, Blätterdach. | 8 **s'enrichir:** sich bereichern, hier: Reichtümer erwerben. | 10 **défaire qc:** etwas zunichtemachen / zerstören. | **déboiser:** abholzen. | 11 **retirer qc à qn:** jdm. etwas entziehen. | 12 **le deuil:** Trauer. | **se mêler à qc:** sich mit etwas (ver)mischen. | **désormais:** nunmehr, von nun an. | **le regret:** Bedauern; hier: Schmerz. | 12 f. **vieillir:** altern, älter werden.

Je n'ai jamais parlé, ni agi, ni écrit, que par amour. J'aime mieux mon pays, à moi seul, qu'eux tous réunis. Ils n'aiment qu'eux-mêmes. Drôle, cette implacable destinée qui glisse doucement, sans que j'y puisse rien, comme une montagne. Je n'ai pas à me reprocher dans la vie, ni un geste de haine ou de rancune, ni une démarche intéressée. LCh

---

L'amitié je la reconnais à ce qu'elle ne peut être déçue, et je reconnais l'amour véritable à ce qu'il ne peut être lésé. Cit

---

Pour se faire aimer, il suffit de plaindre. Je ne plains guère ou je le cache.« VN

3f. **implacable:** unerbittlich, gnadenlos. | 4 **la destinée:** Schicksal. | **glisser:** (dahin)gleiten. | 4f. **sans que j'y puisse rien:** ohne dass ich etwas dagegen machen kann. | 6 **la °haine:** Hass. | 6f. **la rancune:** Groll. | 7 **la démarche intéressée:** eigennützige Handlung. ≈ 8f. **être déçu, e:** enttäuscht sein/werden. | 10 **léser:** verletzt/beschädigt sein/werden. ≈ 11 **plaindre:** (sich be)klagen. | 11f. **ne … guère:** kaum, selten. ≈

Liés à nos frères par un but commun et qui se situe en dehors de nous, alors seulement nous respirons et l'expérience nous montre qu'aimer ce n'est point nous regarder l'un l'autre mais regarder ensemble dans la même direction. Il n'est de camarades que s'ils s'unissent dans la même cordée, vers le même sommet en quoi ils se retrouvent. TdH

L'amour de soi-même c'est le contraire de l'amour.

Cit

L'amour véritable ne se dépense point. Plus tu donnes, plus il te reste. Cit

1 **être lié, e à qn:** mit jdm. verbunden sein. | **commun, e:** gemeinsam. | 1 f. **se situer en dehors de qn:** außerhalb von jdm. selbst liegen. | 3 **ne ... point:** gar nicht, überhaupt nicht. | 5 **il n'est de ... que ...:** es gibt nur ..., wenn ... | 6 **la cordée:** Seilschaft. | 6 f. **le sommet:** Gipfel. | 7 **se retrouver:** sich sammeln; zusammenfinden. ≈ 8 **l'amour** (m.) **de soi-même:** Eigenliebe ≈ 10 **se dépenser:** sich verausgaben/erschöpfen. ≈

Le regret de l'amour c'est toujours l'amour … et s'il n'est plus d'amour il n'est point de regret de l'amour. Cit

Nous nous étions enfin rencontrés. On chemine longtemps côte à côte, enfermé dans son propre silence, ou bien l'on échange des mots qui ne transportent rien. Mais voici l'heure du danger. Alors on s'épaule l'un à l'autre. On découvre que l'on appartient à la même communauté. On s'élargit par la découverte d'autres consciences. On se regarde avec un grand sourire. On est semblable à ce prisonnier délivré qui s'émerveille de l'immensité de la mer. TdH

1 **le regret:** Bedauern; hier: Trauer. | 2 **ne … point:** gar nicht, überhaupt nicht. ≈ 4 **cheminer:** dahin gehen, seines Wegs gehen. | 5 **côte à côte** (f.): nebeneinander her, Seite an Seite. | **enfermé, e:** eingeschlossen, gefangen; hier: gehüllt. | 6 **échanger:** (Worte) wechseln. | 6 f. **… qui ne transportent rien:** (Worte) nichtssagend. | 8 **s'épauler l'un à l'autre:** sich aufeinander stützen; hier: zusammenrücken. | 9 **s'élargir:** etwa: seinen Horizont erweitern. | 10 **la conscience:** Bewusstsein, Gewissen; hier: Geist. | 11 f. **délivrer:** (in die Freiheit) entlassen. | 12 **s'émerveiller de qc:** über etwas staunen. | **l'immensité** (f.): unendliche Weite. ≈

Antoine de Saint-Exupéry in den 1920er Jahren

Les enfants

Je m'assis en face d'un couple. Entre l'homme et la femme, l'enfant tant bien que mal avait fait son creux et il dormait. Il se retourna dans le sommeil et son visage m'apparut sous la veilleuse. Ah! quel adorable visage. Il était né de ce couple-là une sorte de fruit doré. Il était né de ces lourdes hardes cette réussite de charme et de grâce! Je me penchai sur ce front lisse, sur cette douce moue des lèvres, et je me dis: «Voici un visage de musicien, voici Mozart enfant, voici une belle promesse de la vie!» Les petits princes de légende n'étaient point différents de lui. Protégé, entouré, cultivé, que ne saurait-il devenir? Rep

2 **en face de:** gegenüber von. | 3 **tant bien que mal:** mehr recht als schlecht, so einigermaßen. | **le creux:** Kuhle. | 5 **la veilleuse:** Nachtlicht. | 7 **doré, e:** golden. | **lourd, e:** hier: (Kleidung) abgetragen. | **les °hardes** (f. pl.; péj.): Klamotten, alte Fetzen. | **la réussite:** Erfolg, Gelingen; hier: Prachtexemplar, Glanzstück. | 8 **la grâce:** Anmut, Liebreiz. | **se pencher sur qn:** sich über jdn. beugen. | **lisse:** glatt. | 9 **la douce moue des lèvres** (f. pl.): etwa: leicht geschürzte Lippen (*la moue:* Schmollmund). | 12 **ne … point:** gar nicht, keineswegs. | 13 **entourer qn:** jdn. umsorgen. | **cultiver qn:** jdn. hegen und pflegen. ≈

Les grandes personnes aiment les chiffres. Quand vous leur parlez d'un nouvel ami, elles ne vous questionnent jamais sur l'essentiel. Elles ne vous disent jamais: «Quel est le son de sa voix? Quels sont les jeux qu'il préfère? Est-ce qu'il collectionne les papillons?» Elles vous demandent: «Quel âge a-t-il? Combien a-t-il de frères? Combien pèse-t-il? Combien gagne son père?» Alors seulement elles croient le connaître. Si vous dites aux grandes personnes: «J'ai vu une belle maison en briques roses, avec des géraniums aux fenêtres et des colombes sur le toit ...», elles ne parviennent pas à s'imaginer cette maison. Il faut leur dire: «J'ai vu une maison de cent mille francs.» Alors elles s'écrient: «Comme c'est joli!» PP

Toutes les grandes personnes ont d'abord été des enfants. (Mais peu d'entre elles s'en souviennent.) PP

2 f. **questionner qn sur qc:** sich bei jdm. nach etwas erkundigen. | 5 **collectionner qc:** etwas sammeln. | 5 f. **le papillon:** Schmetterling. | 10 **la brique:** Backstein. | 10 f. **le géranium** [ʒeʀanjɔm]: Geranie. | 11 **la colombe:** Taube. | 12 **parvenir à faire qc:** es schaffen, etwas zu tun. ≈

Antoine (2. von rechts) und seine Geschwister

Les enfants seuls savent ce qu'ils cherchent, fit le petit prince. Ils perdent du temps pour une poignée de chiffons, et elle devient très importante, et si on la leur enlève, ils pleurent … PP

Les grandes personnes ne comprennent jamais rien toutes seules, et c'est fatigant, pour les enfants, de toujours et toujours leur donner des explications … PP

2 f. **la poignée de chiffons** (m. pl.): hier: Puppe aus Lumpen (*la poignée:* Handvoll). | 4 **enlever qc à qn:** jdm. etwas wegnehmen.

Ainsi n'écoute jamais ceux qui te veulent servir en te conseillant de renoncer à l'une de tes aspirations. Tu la connais, ta vocation, à ce qu'elle pèse en toi. Et si tu la trahis c'est toi que tu défigures, mais sache que ta vérité se fera lentement car elle est naissance d'arbre et non trouvaille d'une formule, car c'est le temps d'abord qui joue un rôle, car il s'agit pour toi de devenir autre et de gravir une montagne difficile. Cit

Certes est hors d'atteinte la perfection. Elle n'a d'autre sens que celui d'étoile pour guider ta marche. Elle est direction et tendance vers. Mais la marche compte seule. Cit

2 **ainsi:** hier: deshalb. | 3 **une aspiration:** Bestrebung; hier: Ziel. | 4 **la vocation:** Berufung. | **peser:** wiegen, lasten; hier: (ein) Gewicht haben. | 5 **défigurer qn:** jdn. entstellen. | **sache** (imp. de *savoir*): wisse. | 6 **se faire:** hier: sich entwickeln. | 7 **la trouvaille:** Fund; hier: (plötzliche) Entdeckung. | **la formule:** Formel. | 9 **gravir:** erklimmen. ≈ 10 **certes:** gewiss, zwar (mit folgendem *mais*). | **être hors d'atteinte** (f.): unerreichbar sein. | 11 **guider la marche à qn:** jdm. den Weg zeigen. | 12 **être tendance** (f.) **vers:** Streben nach sein ≈

Vivre, c'est naître lentement. Il serait un peu trop aisé d'emprunter des âmes toutes faites. Une illumination soudaine semble parfois faire bifurquer une destinée. Mais l'illumination n'est que la vision soudaine, par l'esprit, d'une route lentement préparée. PG

Une cathédrale est bien autre chose qu'une somme de pierres. Elle est géométrie et architecture. Ce ne sont pas les pierres qui la définissent, c'est elle qui enrichit les pierres de sa propre signification. Ces pierres sont ennoblies d'être pierres d'une cathédrale. Les pierres les plus diverses servent son unité. La cathédrale absorbe jusqu'aux gargouilles les plus grimaçantes, dans son cantique. PG

1 **aisé, e:** einfach, leicht. | 2 **emprunter qc:** etwas ausleihen; hier: auf etwas zurückgreifen. | **tout, e fait, e:** (fix und) fertig. | **une illumination:** Erleuchtung. | 3 **faire bifurquer qc:** einer Sache eine neue Richtung geben (*bifurquer:* sich gabeln; abbiegen). | **la destinée:** Schicksal. | 4 **la vision:** Erblicken; hier: Erkenntnis. ≈ 8 f. **enrichir:** bereichern. | 10 **ennoblir:** adeln, erheben. | 12 **absorber qc:** etwas schlucken/aufnehmen. | **jusqu'à:** etwa: alles bis hin zu. | **la gargouille** [gaʀguj]: Wasserspeier. | 12 f. **grimacer:** Grimassen / eine Fratze schneiden. | 13 **le cantique:** (Kirchen-)Lied, Lobgesang. ≈

On ne découvre pas la vérité: on la crée. La vérité c'est ce que l'on exprime avec clarté. Carn

≈

Ainsi ai-je longtemps médité sur le sens de la paix. Elle ne vient que des enfants nés, que des moissons faites, que de la maison enfin rangée. Elle vient de l'éternité où rentrent les choses accomplies. Paix des granges pleines, des brebis qui dorment, des linges pliés, paix de la seule perfection, paix de ce qui devient cadeau à Dieu, une fois bien fait. Cit

≈

La vérité, pour l'homme, c'est ce qui fait de lui un homme. Art

≈

2 **la clarté:** Klarheit. ≈ 3 **méditer sur qc:** über etwas nachsinnen. | 4 **la moisson:** Ernte. | 6 **une éternité:** Ewigkeit. | **rentrer:** zurückkehren; hier: (in die Ewigkeit) eingehen. | **accomplir:** vollenden. | 7 **la grange:** Scheune. | **la brebis** [bʀəbi]: (Mutter-)Schaf. | **le linge:** Wäsche(stück). | 8 **plier:** zusammenlegen/-falten. | 9 **le cadeau:** Geschenk. | **une fois bien fait, e:** sobald es gut gemacht / gelungen ist. ≈

La vérité se creuse comme un puits. Cit

J'ai apprivoisé un caméléon. C'est mon rôle ici d'apprivoiser. Ça me va, c'est un joli mot. Et mon caméléon ressemble à un animal antédiluvien. Il ressemble au diplodocus. Il a des gestes d'une lenteur extraordinaire, des précautions presque humaines et s'abîme dans des réflexions interminables. Il reste des heures immobile. Il semble venir de la nuit des temps. Nous rêvons tous les deux le soir. LM

Mais les yeux sont aveugles. Il faut chercher avec le cœur. PP

---

1 **la vérité se creuse comme un puits:** nach der Wahrheit muss man graben wie nach einem Brunnen. ≈ 2 **apprivoiser qc:** etwas zähmen. | **le caméléon:** Chamäleon. | 4 **antédiluvien, ne:** vorsintflutlich. | 5 **le diplodocus** [diplɔdɔkys]: (Saurierart) Diplodocus. | **la lenteur:** Langsamkeit. | 5 f. **extraordinaire:** außerordentlich. | 6 **la précaution:** Vorsicht, vorsichtiges Verhalten. | 6 f. **s'abîmer dans qc:** sich in etwas vertiefen; hier: in etwas verfallen. | 7 **interminable:** nicht enden wollend, endlos. | 8 **la nuit des temps** (m. pl.): graue Vorzeit. ≈

Je n'ai besoin de rien. Ni d'argent, ni de plaisir, ni de compagnie. J'ai un besoin vital de paix. LCh

---

Il est d'une civilisation comme il en est du blé. Le blé nourrit l'homme, mais l'homme à son tour sauve le blé dont il engrange la semence. La réserve des graines est respectée, de génération de blé en génération de blé, comme un héritage. PG

Tu ne peux rien connaître des étapes qui ne sont qu'invention du langage. Seule la direction a un sens. Ce qui importe c'est d'aller vers et non d'être arrivé car jamais l'on n'arrive nulle part sauf dans la mort. Cit

---

2 **vital, e:** lebensnotwendig; hier: (ganz) dringend. ≈
3 **il est de …:** es verhält sich mit … | **le blé:** Getreide, Weizen. | 4 **à son tour** (m.): seiner-/ihrerseits. | 5 **engranger:** in die Scheune schaffen. | **la semence:** Saat; hier: Ertrag. | **la réserve des graines** (f. pl.): Saatgut. | 7 **un héritage:** Erbe. ≈
8 **une étape:** Etappe; hier: Station (eines Weges). | 10 **aller vers:** etwa: auf dem Weg (zu etwas hin) sein. | 11 **jamais on n'arrive nulle part:** man kommt nie irgendwo an. ≈

»Das bin ich.« – »Das ist das Leben (sehr vereinfacht).«
Zeichnung von Antoine de Saint-Exupéry.

Car le disparu si l'on vénère sa mémoire est plus présent et plus puissant que le vivant. Cit

Le passé est irréparable, mais le présent vous est fourni comme matériaux en vrac aux pieds du bâtisseur et c'est à vous d'en forger l'avenir. Cit

Chaque progrès nous a chassés un peu plus loin hors d'habitudes que nous avions à peine acquises, et nous sommes véritablement des émigrants qui n'ont pas fondé encore leur patrie. TdH

1 **le disparu / la disparue:** der/die Verstorbene. | **vénérer la mémoire de qn:** jds. Gedenken in Ehren halten.

3 **irréparable:** irreversibel, unwiederbringlich. | 4 **fournir:** liefern. | **les matériaux** (m. pl.): (Bau-)Material. | **en vrac:** ungeordnet, durcheinander (*le vrac*: Schüttgut). | 4 f. **le bâtisseur:** Baumeister, Erbauer. | 5 **forger qc:** etwas schmieden.

6 f. **chasser qn hors de qc:** jdn. aus etwas vertreiben. | 7 **acquérir qc:** sich etwas aneignen, etwas erwerben; hier: (Gewohnheit) annehmen.

Il s'aperçut qu'il avait peu à peu repoussé vers la vieillesse, pour «quand il aurait le temps» ce qui fait douce la vie des hommes. Comme si réellement on pouvait avoir le temps un jour, comme si l'on gagnait, à l'extrémité de la vie, cette paix bienheureuse que l'on imagine. Mais il n'y a pas de paix. Il n'y a peut-être pas de victoire. VN

La fidélité c'est d'être fidèle à soi-même. Cit

Quiconque lutte dans l'unique espoir de biens matériels, en effet, ne récolte rien qui vaille de vivre. TdH

1 **s'apercevoir:** hier: erkennen. | **repousser qc vers:** etwas verschieben auf. | 1f. **la vieillesse:** (Zeitabschnitt) Alter. | 4f. **à l'extrémité** (f.) **de la vie:** in den letzten Lebensjahren, am Lebensende. | 5 **bienheureux, -euse:** glückselig. ≈ 8 **la fidélité:** Treue. ≈ 9 **quiconque:** jeder/jede, der/die; ein jeglicher, der / eine jegliche, die. | **unique:** einzig, alleinig. | 10 **récolter:** ernten. | **rien qui vaille de vivre:** nichts, für das es sich zu leben lohnt (*valoir:* gelten, wert sein). ≈

Nous sommes tous de jeunes barbares que nos jouets neufs émerveillent encore. TdH

Les horizons vers lesquels nous avons couru se sont éteints l'un après l'autre, comme ces insectes qui perdent leurs couleurs une fois pris au piège des mains tièdes. TdH

Ce qui sera créé, ce qui naîtra sera logique. Et non: ce qui est logique naîtra. Carn

Nous ne demandons pas à être éternels, mais à ne pas voir les actes et les choses tout à coup perdre leur sens. Le vide qui nous entoure se montre alors ...« VN

1 **le jouet:** Spielzeug. | 2 **émerveiller qn:** jdn. begeistern/entzücken. ≈ 4 **s'éteindre:** (v)erlöschen. | 5 **une fois** (+ p.p.): sobald. | **être pris, e au piège** (m.): in der Falle sitzen. | 6 **tiède:** lauwarm. ≈ 9 **éternel, le:** ewig. | 11 **le vide:** Leere, Vakuum. ≈

La chenille meurt quand elle forme sa chrysalide. La plante meurt quand elle monte en graine. Quiconque mue connaît la tristesse et l'angoisse. … L'enfant qui a mué et perdu l'usage de la mère ne connaîtra point de repos qu'il n'ait trouvé la femme. Seule, de nouveau, elle l'assemblera. Cit

Quand il naît par mutation dans les jardins une rose nouvelle, voilà tous les jardiniers qui s'émeuvent. On isole la rose, on cultive la rose, on la favorise. Mais il n'est point de jardinier pour les hommes. TdH

1 **la chenille:** Raupe. | **former sa chrysalide** [krizalid]: sich verpuppen (*la chrysalide* [biol.]: Puppe). | 2 **monter en graine** (f.): zu Samen werden. | **quiconque:** jeder/jede, der/die; ein jeglicher, der / eine jegliche, die. | 3 **muer:** sich wandeln/verändern/entwickeln. | **une angoisse:** Angst. | 4 **perdre l'usage** (m.) **de qn:** sich von jdm. entwöhnen. | **ne … point:** gar nicht, überhaupt nicht. | 6 **assembler qn:** etwa: jdn. (wieder) zusammenfügen / ganz machen. ≈ 7 **la mutation:** Genveränderung, Mutation. | 8 **s'émouvoir:** in Aufruhr geraten, sich aufregen. | 9 **isoler:** hier: (Pflanze) vereinzeln. | **favoriser qn:** jdn. begünstigen; hier: jdm. viel Zuwendung geben. ≈

Dans les jardins on se promène. On peut se taire et respirer. On est à l'aise. Et les surprises heureuses viennent tout simplement au-devant de vous. On n'a rien à chercher. Un papillon, un scarabée, un ver luisant se montrent. On ne sait rien sur la civilisation du ver luisant. On rêve. Le scarabée a l'air de connaître où il va. Il est très pressé. Ça, c'est étonnant et l'on rêve encore. Puis le papillon. Quand il se pose sur une large fleur, on se dit: c'est pour lui comme s'il se posait sur une terrasse de Babylone, un jardin suspendu qui se balancerait ... Puis on se tait à cause de trois ou quatre étoiles. LR

2 **être à l'aise** (f.): sich wohlfühlen. | 3 **venir au-devant de qn:** auf jdn. zukommen. | 4 **le scarabée** [skaʀabe]: Scarabäus (Käferart). | 4f. **le ver luisant:** Glühwürmchen. | 5 **la civilisation:** hier: (Bienen-, Käfer-, Ameisen-)Volk. | 6 **avoir l'air** (m.) **de faire qc:** etwas zu tun scheinen. | 10 **Babylone** [babilɔn]: Babylon, Babel; eine der wichtigsten Städte des Altertums, im heutigen Irak am Euphrat gelegen und unter anderem berühmt für die Hängenden Gärten der Semiramis, eines der Sieben Weltwunder. | **le jardin suspendu:** hängender Garten. | 11 **se balancer:** hin und her schwingen.

Seul l'Esprit, s'il soufflé sur la glaise, peut créer l'Homme. TdH

Une rose n'est pas quelque chose qui éclôt, s'ouvre et se fane. Ça, c'est une description pédagogique. Une analyse qui tue la rose. Une rose, ce n'est pas des états successifs. Une rose, c'est une fête un peu mélancolique. LCh

---

Seul l'inconnu épouvante les hommes. Mais, pour quiconque l'affronte, il n'est déjà plus l'inconnu. TdH

---

1 **souffler sur qc:** etwas an-/behauchen. | **la glaise:** Lehm, Ton(erde). ≈ 3 **éclore:** (Blume) erblühen. | 4 **se faner:** verwelken. | 5 **un état:** Zustand. | 6 **successif, -ive:** aufeinanderfolgend. ≈ 8 **épouvanter qn:** jdn. in Schrecken versetzen / erschrecken. | 9 **quiconque:** jeder/jede, der/die; ein jeglicher, der / eine jegliche, die. | **affronter qc:** sich einer Sache stellen. ≈

Les miracles véritables, qu'ils font peu de bruit! Les événements essentiels, qu'ils sont simples! LO

~

L'humilité du cœur n'exige point que tu t'humilies mais que tu t'ouvres. C'est la clef des échanges. Alors seulement tu peux donner et recevoir. Cit

~

Je n'aime pas les sédentaires du cœur. Ceux-là qui n'échangent rien ne deviennent rien. Cit

~

Pour admirer, ne fût-ce qu'un bijou, il faut l'humilité de cœur. Cit

~

1 **le miracle:** Wunder. | **faire du bruit:** Lärm machen; (fig.) Aufsehen erregen. ≈ 3 **une humilité:** Demut. | **ne … point:** gar nicht, keineswegs. | **s'humilier:** sich erniedrigen, sich demütigen. | 4 **un échange;** (Aus-)Tausch. ≈
6 **le/la sédentaire:** Sesshafte(r). ≈ 8 **ne fût ce que …:** und sei es auch nur … | **une humilité:** Demut. ≈

Il y les gens-route nationale et il y a les gens-sentiers. Les gens-route nationale m'ennuient. Je m'ennuie sur le macadam parmi les bornes kilométriques. Ils marchent vers quelque chose de bien précis. Un gain, une ambition. Le long des sentiers, au lieu de bornes kilométriques, il y a des noisetiers. Et l'on flâne pour croquer des noisettes. On est là pour être là. À chaque pas on est là pour être là, non pour ailleurs. Mais il n'y a absolument rien à tirer des bornes kilométriques … LR

Adieu, dit le renard. Voici mon secret. Il est très simple: on ne voit bien qu'avec le cœur. L'essentiel est invisible pour les yeux. PP

1 **les gens-route nationale:** etwa: Leute, die die Landstraße (*la route nationale*) bevorzugen. | **les gens-sentiers** (m. pl.): etwa: Leute, die kleine Wege/Pfade (*le sentier*) bevorzugen. | 3 **le macadam** [makadam]: Asphalt. | **la borne kilométrique:** Kilometerstein. | 4 **le gain:** Gewinn. | 5 **une ambition:** Ehrgeiz. | 6 **le noisetier:** Hasel(nuss)strauch (*la noisette:* Haselnuss). | **flâner:** dahinschlendern. | 7 **croquer qc:** etwas knabbern. | 8 **ailleurs:** anderswo. | 8 f. **il n'y a rien à tirer de qc:** aus etwas ist nichts herauszuholen. ≈ 11 **le renard:** Fuchs. ≈

La terre nous apprend plus long sur nous que tous les livres. Parce qu'elle nous résiste. L'homme se découvre quand il se mesure avec l'obstacle. TdH

La terre ainsi est à la fois déserte et riche. Riche de ces jardins secrets, cachés, difficiles à atteindre, mais auquel le métier nous ramène toujours, un jour ou l'autre. Les camarades, la vie peut-être nous en écarte, nous empêche d'y beaucoup penser, mais ils sont quelque part, on ne sait trop où, silencieux et oubliés, mais tellement fidèles. TdH

Mais, dans la mort d'un homme, un monde inconnu meurt. TdH

1 **plus long:** hier (adv.): mehr. | 2 **résister à qn:** jdm. Widerstand leisten. | 3 **se mesurer avec qc:** sich mit etwas messen. | **un obstacle** (m.): Hindernis. ≈ 4 **à la fois:** gleichzeitig, zugleich. | **désert, e:** unbewohnt, verlassen; hier: wüst und leer. | 6 **le métier:** Beruf. | **ramener qn à qc:** jdn. zu etwas zurückbringen/-führen. | 6 f. **un jour ou l'autre:** irgendwann (einmal). | 7 **écarter qn de qc:** jdn. von etwas trennen. ≈

La terre est le seul moyen de production qui intègre très peu de travail préalable. De plus c'est un moyen de production qui assure d'abord l'essentiel. Enfin il lie l'homme aux problèmes vitaux et aux grands cycles naturels. Il l'élève plus, moralement, que le contact de la machine. Je puis presque toujours – et sans préparations – renvoyer l'homme à la terre. Carn

L'essentiel, le plus souvent, n'a point de poids. L'essentiel ici, en apparence, n'a été qu'un sourire. Un sourire est souvent l'essentiel. On est payé par un sourire. On est récompensé par un sourire. On est animé par un sourire. LO

1 **intégrer qc:** etwas aufnehmen; hier: etwas erfordern/verlangen. | 2 **préalable:** vorausgehend. | 3 **assurer qc:** etwas gewährleisten/sichern. | 4 **lier qn à qc:** jdn. mit etwas verbinden. | **vital, e:** lebenswichtig. | 5 **le cycle** [sikl]: Kreislauf. | **élever qn:** hier: jdn. erheben. | 6 **je puis:** *je peux.* | 7 **renvoyer qn à qc:** jdn. auf etwas zurückverweisen. ≈ 8 **le plus souvent:** in den allermeisten Fällen. | **ne … point:** gar nicht, überhaupt nicht. | **avoir du poids** [pwa]: schwer wiegen, gewichtig sein. | 9 **en apparence** (f.): anscheinend. | 11 **récompenser:** belohnen. | 12 **animer:** bewegen, beleben. ≈

J'ai connu des fils qui me disaient: «Mon père est mort n'ayant achevé de bâtir l'aile gauche de sa demeure. Je la bâtis. N'ayant point achevé de planter ses arbres. Je les plante. Mon père est mort en déléguant le soin de poursuivre plus loin son ouvrage. Je le poursuis. Ou de demeurer fidèle à son roi. Je suis fidèle.» Et je n'ai point senti dans ces maisons-là que le père fût mort. Cit

---

On dit chez nous d'un condamné qu'il paie sa dette. Et chaque année d'expiation solde un compte invisible. Ce compte peut même être insolvable. On refuse le droit à ce condamné de redevenir homme. Et le bagnard de cinquante ans paie encore pour le garçon de vingt ans qui a tué un jour de colère. Rep

---

2 **achever:** fertigstellen, vollenden. | 2f. **la demeure:** Wohnsitz, „Bleibe", Haus. | 3 **ne … point:** gar nicht, überhaupt nicht. | 4 **déléguer qc à qn:** jdm. etwas übertragen. | 5 **le soin:** Sorge (für). | **poursuivre qc plus loin:** etwas weiterverfolgen. ≈
9 **le condamné / la condamnée** [kõdane]: Verurteilte(r). | **la dette:** Schuld. | 10 **une expiation:** Sühne. | **solder un compte:** eine Rechnung begleichen. | 11 **insolvable:** nicht zu begleichen. | 13 **le bagnard:** Sträfling (*le bagne:* Zuchthaus). | 14 **un jour de colère** (f.): etwa: in einem Augenblick des Jähzorns. ≈

J'ai coudoyé, une fois, trois paysans, face au lit de mort de leur mère. Et, certes, c'était douloureux. Pour la seconde fois, était tranché le cordon ombilical. Pour la seconde fois, un nœud se défaisait: celui qui lie une génération à l'autre. Ces trois fils se découvraient seuls, ayant tout à apprendre, privés d'une table familiale où se réunir aux jours de fêtes, privés du pôle en qui ils se retrouvaient tous. Mais je découvrais aussi, dans cette rupture, la vie donnée pour la seconde fois. Ces fils, eux aussi, à leur tour, se feraient têtes de file, points de rassemblement et patriarches jusqu'à l'heure où ils passeraient, à leur tour, le commandement à cette portée de petits qui jouaient dans la cour. Art

1 **coudoyer qn:** mit jdm. zusammenkommen/-treffen. | 2 **douloureux, -euse:** schmerzlich, leidvoll. | 3 **trancher qc:** etwas durchtrennen. | **le cordon ombilical:** Nabelschnur. | 4 **se défaire:** (Knoten) sich lösen, aufgehen. | 6 **être privé, e de qc:** einer Sache beraubt werden. | 7 **le pôle:** hier: Dreh- und Angelpunkt, Mittelpunkt. | 9 **la rupture:** Bruch. | 10 f. **se faire tête de file** (f.): an die Spitze treten. | 12 f. **passer le commandement à qn:** (fig.) den Stab an jdn. weitergeben. | 13 **la portée** (zool.): Wurf.

On croit que l'homme peut s'en aller droit devant soi. On croit que l'homme est libre ... On ne voit pas la corde qui le rattache au puits, qui le rattache, comme un cordon ombilical, au ventre de la terre. S'il fait un pas de plus, il meurt. TdH

Je me souvins de ce prophète au regard dur et qui par surcroît était bigle. Il me vint voir et le courroux montait en lui. Un courroux sombre:

«Il convient, me dit-il, de les exterminer.»

Et je compris qu'il avait le goût de la perfection. Car seule est parfaite la mort.

«Ils pèchent», dit-il.

Je me taisais. Je voyais bien sous mes yeux cette âme taillée comme un glaive. Mais je songeais:

«Il existe contre le mal. Il n'existe que par le mal. Que serait-il donc sans le mal?»

1f. **s'en aller droit devant soi:** geradewegs voranschreiten. | 3 **la corde:** Strick, Seil, Leine. | **rattacher qn à qc:** jdn. an etwas binden. | 4 **le cordon ombilical:** Nabelschnur. ~ 6f. **par surcroît** (m.) [syʀkʀwa] (m.): obendrein, zudem. | 7 **être bigle:** schielen. | **le courroux** (litt.): Zorn. | 9 **exterminer qn:** jdn. vernichten / ausrotten. | 12 **pécher:** sündigen (*le péché:* Sünde). | 14 **tailler:** (be)schneiden), (an)spitzen, schleifen. | **le glaive** (litt.): Schwert. | **songer:** denken, sinnen. |

«Que souhaites-tu, lui demandai-je, pour être heureux?

– Le triomphe du bien.»

Et je comprenais qu'il mentait. Car il me dénommait bonheur l'inemploi et la rouille de son glaive.

Et m'apparaissait peu à peu cette vérité pourtant éclatante que, qui aime le bien, est indulgent au mal. Que, qui aime la force, est indulgent à la faiblesse. Cit

Les soins accordés au malade, l'accueil offert au proscrit, le pardon même ne valent que grâce au sourire qui éclaire la fête. Nous nous rejoignons dans le sourire au-dessus des langages, des castes, des partis. LO

4f. **dénommer:** benennen. | 5 **un inemploi:** Nichteinsatz, Nichtbenutzung. | **la rouille:** Rost. | 7 **éclatant, e:** strahlend; hier: augenfällig. | **être indulgent, e à qc:** gegenüber einer Sache nachsichtig sein. ≈ 9 **les soins** (m. pl.): Pflege. | **accorder qc à qn:** jdm. etwas angedeihen/zukommen lassen. | **un accueil:** Empfang. | 9f. **le proscrit / la proscrite:** Geächtete(r). | 10 **valoir:** hier: einen Wert haben, wertvoll sein. | 11 **éclairer:** hier: (fig.) aufhellen. | **se rejoindre:** sich (zusammen)finden. | 12 **la caste:** Kaste; hier: Gruppierung. ≈

Je connais des hommes justes, non la justice. Des hommes libres, non la liberté. Des hommes animés par l'amour, et non l'amour. De même que je ne connais ni la beauté ni le bonheur, mais des hommes heureux et des choses belles. Cit

2 **animer:** bewegen, beleben.

Le vent, le sable, les étoiles

Le désert m'envoie un message: c'est une libellule. Elle tourne autour de ma lampe et c'est bien inquiétant, car elle annonce le vent de sable pour demain. Comme il n'y a pas d'oasis ni d'eau à moins de 500 kilomètres, il a fallu que le vent d'est l'apporte. Mais il n'y a pas, ce soir, un souffle de vent. Pourtant c'est une preuve qui n'a jamais trompé. Ce vent qui ne détache ce soir qu'une libellule soulèvera demain des tonnes de sable à 3000 mètres d'altitude. Je rentre demain, 2000 kilomètres dans cette forge: ce sera gai. LL

Je n'ai pas peur de la mort. J'ai peur de ce qui va être révolu. LCh

2 **la libellule:** Libelle. | 3 f. **inquiétant, e:** beunruhigend. | 5 **un oasis** [ɔazis]: Oase. | 7 **le souffle:** Hauch. | 8 **tromper:** hier: trügen. | 9 **détacher qn:** hier: jdn. vorausschicken. | **soulever:** hier: (Wind) aufwirbeln. | 10 **une altitude:** Höhe. | 11 **la forge:** Schmiede, Schmiedeofen; hier (fig.): Glutofen. ≈
14 **révolu, e:** vergangen, vorbei. ≈

Le désert me fait toujours l'effet d'une immense porte ouverte, que je n'éprouve nulle part ailleurs. Et si tu voyais les étoiles ici, tellement nues, tellement rondes. Et ce sable d'argent. LAmis

---

On me donne pour consigne d'aller porter de l'eau à un équipage d'avion militaire en panne dans le Sahara. Six hommes qu'un camarade avait découverts la veille et qui depuis cinq jours crevaient de faim et de soif. Il les avait ravitaillés une première fois.

J'emporte des vivres, de l'eau, des cigarettes, et je me pose. Je trouve six hommes commandés par un lieutenant de vaisseau. Tous malades, étendus en chemise sous les ailes de leur avion. Ils pleurent comme

1 **faire l'effet** (m.) **de qc à qn:** auf jdn. wie etwas wirken. | 2 **éprouver qc:** etwas empfinden. | **ailleurs:** anderswo. ≈ 5 **la consigne:** Auftrag, Anweisung. | 6 **un équipage** (m.): Besatzung. | **être en panne** (f.): eine Panne haben. | 7 **le Sahara** [saaʀa]: die Sahara; große nordafrikanische Wüste. | 8 **la veille:** tags zuvor. | 8 f. **crever de faim** (f.) **et de soif** (f.): vor Hunger und Durst (fast) umkommen. | 9 **ravitailler qn:** jdn. mit Proviant / Nachschub versorgen. | 10 **les vivres** (m. pl.): Nahrungs-, Lebensmittel. | 11 **se poser:** (mit dem Flugzeug) niedergehen. | 12 **le lieutenant de vaisseau** (m.): Kapitänleutnant. | **s'étendre:** sich hinlegen, sich ausstrecken. | 13 **une aile:** hier (Flugzeug): Tragfläche.

Saint-Exupéry am Steuer seines Flugzeugs

des gosses de me voir, tout le monde m'embrasse, on me force à boire de cette eau précieuse. «Plus besoin de rien? Vous pourrez réparer, repartir? – Ça va. Merci.» Je repars. Nous sommes les chiens saint-bernard du Sahara.

Voilà notre vie de courrier. C'est quelque chose d'assez bizarre. LL

Il ne s'agit pas de vivre dangereusement. Cette formule est prétentieuse. Les toréadors ne me plaisent guère. Ce n'est pas le danger que j'aime. Je sais ce que j'aime. C'est la vie. TdH

C'est au fond du désert que l'on découvre le mieux ce qu'est un homme. Rep

1 **le/la gosse** (fam.): (kleines) Kind. | **embrasser qn:** jdn. umarmen. | 4 **le chien saint-bernard:** Bernhardiner; ein im Gebirge eingesetzter großer Rettungshund. | 6 **le courrier:** Post; hier: Postflieger. ≈ 9 **prétentieux, -euse:** anmaßend. | **le toréador:** Stierkämpfer, Torero. | 9 f. **ne … guère:** kaum. ≈ 12 **le fond:** hier: Inneres, Tiefe. ≈

J'ai connu la tempête de sable. C'est aussi épais et gênant que la brume. Il monte à de grandes hauteurs. Mais tu n'imagines pas comme le sable du désert est fin. En une nuit des dunes de 10 mètres de haut changent de place. Et, vues en l'air, elles ont toutes la forme profilée de moindre résistance à l'avancement. Le vent les modèle suivant les principes les plus récents de l'aérodynamique. C'est très rigolo. LAmis

---

Je dormais sur ma selle. Un arabe, 2 mètres en avant, halait mon cheval à la corde et l'on s'enfonçait vraiment dans la nuit comme dans un trou. Ou bien, à midi, sur un sable uni comme celui d'un cirque, des cavaliers qui galopent, ces coups de fusil qui claquent, des balles qui sifflent. Toutes les choses mouvantes, vivantes, suspectes. Vingt fois le sentiment de m'être

1 f. **gênant, e:** lästig. | 2 **la brume:** (leichter) Nebel. | 6 **la forme profilée:** Profil, Gestalt. | **le/la moindre:** der/die/das geringste. | **un avancement:** Vorwärts-, Fortbewegung. ≈ 9 **la selle:** Sattel. | 10 **haler:** treideln, ziehen. | **la corde:** Strick, Seil, Leine. | **s'enfoncer:** einsinken; hier: versinken. | 12 **uni, e:** einheitlich, gleichförmig. | **le cirque:** Zirkus. | 13 **le cavalier:** Reiter. | **le coup de fusil** [fyzi] (m.): Gewehrschuss. | **claquer:** knallen. | 14 **la balle:** Kugel. | 15 **suspect, e** [syspɛ, ɛkt]: verdächtig. | 15 f. **se fourrer dans qc** (fam.): in etwas hineingeraten.

fourré dans un guêpier, de ne jamais pouvoir atteindre cet avion abandonné dont l'équipage fut ramassé par l'autre avion, et que je veux réparer et sauver. Rien que des choses dures: une selle qui écorche les cuisses, une pioche pour dégager l'avion, qui blesse les mains, et des hommes qui ne pensent qu'à la guerre: pas des hommes, du gibier. Et la nuit qui remet de l'ordre dans un Sahara anarchique. LAmis

J'ai acheté un petit tapis au Maroc. Et ça, c'est du vrai luxe. Ça ne me sert absolument à rien, mais depuis je suis un autre homme, j'ai une âme de possédant et ça m'encombre et j'ai besoin d'une bien belle chambre pour mettre autour – et il gêne mes mouvements et

1 **le guêpier:** Wespennest (*la guêpe:* Wespe). | 2 **abandonner:** ver-, zurücklassen. | **un équipage** (m.): Besatzung. | **ramasser:** auflesen, aufsammeln. | 4 **écorcher:** aufscheuern, wundreiben. | **la cuisse:** Schenkel. | 5 **la pioche:** Hacke. | **dégager qc:** etwas freilegen/freischaufeln. | 7 **le gibier:** Wild. | **remettre de l'ordre** (m.) **dans qc:** in etwas wieder Ordnung schaffen, in etwas die Ordnung wieder herstellen. | 8 **le Sahara** [saaʀa]: die Sahara; große nordafrikanische Wüste. | **anarchique:** gesetzlos, anarchisch. ≈ 9 **le tapis:** Teppich. | **le Maroc:** Marokko. | 11 **le possédant / la possédante:** Besitzende(r). | 12 **encombrer qn:** jdn. behindern/belasten. | 13 **gêner:** hier: einengen, einschränken.

m'embarrasse et je sais comment le ficeler, où le caser. C'est une maîtresse exigeante. Mais le soir en rentrant chez moi je le regarde et me sens riche. J'ai un lopin de terre, j'ai une patrie, j'ai un petit tapis roulé. LL

Quelquefois, je me juge idiot. D'autant plus que je vais probablement faire, d'ici un ou deux mois, une petite expédition de pas mal de semaines justement dans cette fosse aux ours. Ça ne se sera jamais fait et j'ai le désir de connaître ça. Mais je me demande ce que je cherche dans tout cela, si la vie la plus intelligente n'est pas d'être heureux. Et je transpire comme une éponge sur ce lit, par ce vent d'est; dans ce pays de sable éternel, quand il y a en France des prairies

1 **embarrasser qn:** jdn. behindern. | **ficeler qc:** etwas verschnüren. | **caser qc:** etwas verstauen. | 2 **la maîtresse:** Geliebte. | **exigeant, e:** anspruchsvoll, fordernd. | 3 f. **le lopin de terre** (f.): Fleckchen Erde. | 4 **roulé, e:** zusammengerollt. ≈
5 **se juger** (+ adj.): etwa: sich … vorkommen. | **d'autant plus que …:** und das umso mehr, als … | 6 **probablement:** wahrscheinlich. | **d'ici un mois:** in einem Monat. | 7 **pas mal de semaines** (f. pl.; fam.): mehrere Wochen. | 8 **la fosse aux ours** [uʀs] (m. pl.; fig.): Löwengrube (*un ours:* Bär). | **Ça ne se sera jamais fait:** etwa: Das hat es noch nie gegeben. | 9 **connaître qc:** hier: etwas erleben. | 11 **transpirer:** schwitzen. | 12 **une éponge:** Schwamm.

bien vertes avec des ruisseaux et des vaches. Et des rues dans Paris pleines de femmes. Et si douces à toucher. Et le théâtre, la musique, le luxe. Je rêve au luxe dans cette chambre de fort espagnol; je rêve d'ascenseurs et de salles de bains; je rêve de baigneuses sur les plages. Et de gramophone. Et je choisis la vie la plus dure et la plus incertaine parce que je pense qu'autrement on n'est rien. LDc

Cette nuit de vol et ses cent mille étoiles, cette sérénité, cette souveraineté de quelques heures, l'argent ne les achète pas. Cet aspect neuf du monde après l'étape difficile, ces arbres, ces fleurs, ces femmes, ces sourires fraîchement colorés par la vie qui vient de nous être rendue à l'aube, ce concert de petites choses qui nous récompensent, l'argent ne les achète pas. TdH

1 **le ruisseau:** Bach. | 5 **le baigneur / la baigneuse:** Badende(r). ≈ 9 f. **la sérénité:** Seelenruhe, Gelassenheit. | 10 **la souveraineté:** Unumschränktheit; hier: Erhabenheit. | 12 **une étape:** Streckenabschnitt. | 14 **une aube:** Morgenröte. | 15 **récompenser:** belohnen. ≈

Exemples tirés de ma dernière nuit de vol. Je m'étais trouvé, vers minuit, perdu au-dessus de la brume avec ma T. S. F. en panne. Le poste saharien qu'il me fallait rejoindre avant l'épuisement de mon essence était situé à la pointe d'un cap. Et je craignais de l'avoir dépassé et d'être déjà loin en mer. La nuit était sans lune, je naviguais entre la brume et des nuages épais qui rendaient la nuit plus noire encore. Il n'y avait plus rien de matériel, pour moi, dans le monde que mon avion. J'étais «en dehors de tout». Et voilà que j'ai aperçu, au ras de l'horizon, une première lumière: j'ai cru que c'était mon phare. Vous imaginez la joie que donne un petit point brillant qui contient tout; j'ai mis le cap sur cette lumière: c'était une étoile. Puis d'autres étoiles me sont apparues visibles un instant au ras de l'horizon, à leur lever, entre la brume et les

2 **la brume:** (leichter) Nebel. | 3 **la T. S. F.** (abr.): *la télégraphie sans fil:* drahtlose Telegrafie; hier: Funkgerät. | **en panne** (f.): hier: ausgefallen, defekt. | **saharien, ne:** in der Sahara. | 4 **rejoindre un lieu:** zu einem Ort gelangen, einen Ort erreichen. | **avant l'épuisement** (m.) **de qc:** etwa: bevor etwas zur Neige geht. | **une essence:** Benzin, Treibstoff. | 4 f. **être situé, e:** (Ort) liegen. | 5 **la pointe d'un cap:** Spitze eines Kaps. | 5 f. **dépasser qc:** etwas überholen; an etwas vorbeigehen/-fahren/-fliegen. | 7 **naviguer:** hier: fliegen. | 11 **apercevoir qc:** etwas wahrnehmen, erblicken. | **au ras de:** dicht über. | 12 **le phare:** Leuchtturm; Leuchtfeuer. | 14 **mettre le cap sur qc:** etwas ansteuern, auf etwas zusteuern. | 16 **le lever:** hier: Aufgehen (eines Sterns).

nuages, et, j'ignore pourquoi, extraordinairement lumineuses. Et je mettais le cap sur chacune tour à tour. Comment distinguer? Il me fallait bien marcher vers quelque chose. Et, tout à coup, j'ai éprouvé de la colère et je me suis surpris à me dire à moi-même:

«Je n'arriverai donc pas à retrouver celle dans laquelle j'habite!» LCr

Il n'est point d'aventure si je ne m'y engage. Cit

Il franchissait, paisible, la Cordillère des Andes. Les neiges de l'hiver pesaient sur elle de toute leur paix. Les neiges de l'hiver avaient fait la paix dans cette masse, comme les siècles dans les châteaux

1 f. **lumineux, -euse:** lichtstark, leuchtkräftig. | 2 **tour à tour** (m.): abwechselnd. | 3 **Comment distinguer?:** etwa: Wie hätte ich sie unterscheiden können/sollen? | 5 **se surprendre à faire qc:** sich dabei ertappen, etwas zu tun. | 6 **arriver à faire qc:** es schaffen, etwas zu tun. ≈ 8 **s'engager dans qc:** hier: sich auf etwas einlassen. ≈ 9 **franchir:** überschreiten, überqueren, überwinden; hier: überfliegen. | **paisible:** friedlich. | **la Cordillère des Andes** (f. pl.): das Gebirgssystem der Anden im Westen Südamerikas (*la cordillère:* Gebirgskette). | 10 **peser sur qc:** auf etwas drücken, lasten.

morts. Sur deux cents kilomètres d'épaisseur, plus un homme, plus un souffle de vie, plus un effort. Mais des arêtes verticales, qu'à six mille d'altitude on frôle, mais des manteaux de pierre qui tombent droit, mais une formidable tranquillité. VN

J'ai vécu durant huit années la vie de pilote de ligne. J'ai touché un salaire. Je pouvais chaque mois me procurer quelques-uns des biens souhaités, avec l'argent de mon salaire. Mais si mon travail de pilote de ligne ne m'avait rien assuré d'autre que ces avantages quelconques, pourquoi l'aurais-je tant aimé? Il m'a donné bien plus. Mais il me faut reconnaître qu'il m'a enrichi véritablement, là seulement où j'ai donné plus que je n'ai reçu. Les nuits qui m'ont augmenté ne sont point

1 **mort, e:** hier: (Schloss, Burg) verfallen. | **une épaisseur:** Dicke, Dichte; hier: Weite. | 2 **le souffle:** Hauch. | 3 **une arête:** Gräte, Kante, (Berg-)Grat. | **vertical, e:** senkrecht abfallend. | **une altitude:** Höhe. | **frôler:** streifen. | 4 **le manteau:** Mantel; hier: Felswand. | **tomber droit:** steil abfallen. | 5 **la tranquillité:** Ruhe. ≈ 6 **durant … années:** … Jahre lang. | 7 **toucher un salaire:** ein Gehalt beziehen. | 7 f. **se procurer qc:** sich etwas beschaffen; hier: sich etwas leisten (können). | 10 **assurer qc à qn:** hier: jdm. etwas einbringen/verschaffen. | 10 f. **quelconque:** irgendwelche(r, s), ein(e) beliebige(r, s). | 12 **enrichir:** bereichern. | 14 **augmenter qn:** jds. Gehalt erhöhen.

celles au cours desquelles je dépensais cet argent du salaire, mais celles où vers 2 heures du matin, à Buenos Aires, à l'époque où l'on fondait les lignes, quand je venais de m'endormir épuisé par une série de vols qui m'avaient tenu trente heures sans dormir, un coup de téléphone brutal, dû à quelque accident lointain, me tirait du lit:

«Il faut filer vers le détroit de Magellan …» Et je me tirais de mon lit, dans le froid de l'hiver, en maugréant. Je me remplissais de café noir pour ne pas trop dormir en pilotant. Puis, après une heure de voiture à travers la boue de chemins provisoires et défoncés, je débarquais au terrain et retrouvais les camarades. Je serrais des mains sans rien dire, mal réveillé encore, grincheux, noué par ces rhumatismes que l'hiver fabrique

2 f. **Buenos Aires:** Hauptstadt Argentiniens. | 3 **fonder:** gründen. | **la ligne:** hier: Fluglinie. | 4 **épuisé, e:** erschöpft. | 5 **tenir qn sans dormir:** jdn. wachhalten. | 6 **dû, due à:** wegen. | 8 **le détroit de Magellan:** die Magellanstraße; Meerenge zwischen dem südamerikanischen Festland und der Insel Feuerland und anderen Inseln. | 9 **maugréer** [mogʀee]: vor sich hin schimpfen. | 12 **la boue:** Morast. | **provisoire:** behelfsmäßig. | **défoncé, e:** (Straße) beschädigt, uneben. | 12 f. **débarquer:** von Bord / an Land gehen; ankommen. | 13 **le terrain:** hier: Flugplatz. | 14 **être mal réveillé, e:** noch nicht ganz wach / verschlafen sein. | 14 f. **grincheux, -euse:** schlecht gelaunt, mürrisch. | 15 **noué, e:** hier: steif, unbeweglich. | **le rhumatisme** [ʀymatism]: Rheuma. | **fabriquer:** verursachen.

après deux nuits blanches … Je faisais lancer les moteurs. Je lisais les prévisions météo comme un compte rendu de corvées: les orages, le givre, la neige … et je décollais dans la nuit, vers un petit jour douteux. MAm

1 **la nuit blanche:** schlaflose Nacht. | **faire lancer:** hier: (Motor) anwerfen lassen. | 2 **la prévision météo:** Wettervorhersage. | 2f. **le compte rendu:** Bericht. | 3 **la corvée:** Fronarbeit; hier: Schinderei. | **le givre:** Raureif; hier: (Flugzeug) Vereisung. | 4 **décoller:** abheben. | **le petit jour:** (früher) Morgen. | 4f. **douteux, -euse:** zweifelhaft; hier: ungewiss. ≈

L'homme, le monde

Il faut vivre longtemps pour devenir un homme. On tresse lentement le réseau des amitiés et des tendresses. On apprend lentement. On compose lentement son œuvre. Et si l'on meurt trop tôt on est comme frustré de sa provision: il faut vivre longtemps pour s'accomplir. Rep

---

La divinité s'exprime à travers l'individu qui va contre le goût moyen. Carn

---

Chaque individu est un miracle. Rep

---

3 **tresser:** flechten, knüpfen. | **le réseau:** Netz. | 6 **être frustré, e de qc:** hier: um etwas geprellt/betrogen werden. | **la provision:** Lohn, Ertrag. | 7 **s'accomplir:** etwa: zur Vollendung gelangen. ≈ 8 **la divinité:** Göttlichkeit. | **s'exprimer:** hier: zum Ausdruck kommen. | **un individu:** der/die Einzelne. | 9 **le goût moyen:** etwa: Mittelmaß. ≈ 10 **un individu:** der/die Einzelne. ≈

Nulle part je n'ai connu une plus belle race d'hommes que celles des Argentins du Sud. Débarqués pour bâtir des villes sur les terres désertes, ils les bâtissaient. Une ville dans leurs mains devenait une pâte vivante, une chair que l'on forme, que l'on protège, que l'on chérit comme celle d'un enfant. Ceux-ci ne rêvaient pas de piller le sol pour rejoindre riches leurs paradis. Ils étaient venus s'établir là pour y durer, y fonder une race. On ne pouvait guère rencontrer ailleurs un tel sens social, un tel sens de l'entraide, ni non plus une telle sérénité. Sérénité des hommes qui ne se heurtent qu'aux grands problèmes. Art

L'empire de l'homme est intérieur. TdH

2 **un Argentin / une Argentine:** Argentinier(in). | **débarquer:** von Bord / an Land gehen; ankommen. | 3 **désert, e:** unbewohnt. | 4 **la pâte:** (Knet-)Masse; Teig. | 5 **la chair:** Fleisch. | 7 **piller qc:** etwas ausplündern. | **rejoindre qc:** an einen Ort zurückkehren. | 8 **s'établir:** sich niederlassen. | **durer:** hier: dauerhaft / auf Dauer bleiben. | **fonder:** gründen. | 9 **ne … guère:** kaum. | **ailleurs:** anderswo. | 10 **le sens social:** Gemeinsinn, Gemeinschaftsgeist. | **une entraide:** gegenseitige Hilfe. | 11 **la sérénité:** Seelenruhe, Gelassenheit. | 11 f. **se heurter à un probleme:** sich mit einem Problem auseinandersetzen. ≈

Il est aisé de fonder l'ordre d'une société sur la soumission de chacun à des règles fixes. Il est aisé de façonner un homme aveugle qui subisse, sans protester, un maître ou un coran. Mais la réussite est autrement haute qui consiste, pour délivrer l'homme, à le faire régner sur soi-même. PG

En travaillant pour les seuls biens matériels, nous bâtissons nous-mêmes notre prison. Nous nous enfermons solitaires, avec notre monnaie de cendre qui ne procure rien qui vaille de vivre. TdH

1 **fonder:** gründen. | 1 f. **la soumission:** Unterwerfung. | 2 f. **façonner qn:** jdn. formen. | 3 **subir qn:** jdn. ertragen/erdulden. | 4 **le coran:** Koran; hier: Heilslehre. | **la réussite:** Erfolg, Gelingen. | 4 f. **autrement haut, e:** noch viel größer. | 5 **consister à faire qc:** darin bestehen, etwas zu tun. | **délivrer qn:** jdn. befreien. | 6 **régner:** herrschen; hier: bestimmen. ≈
9 **solitaire:** einsam, vereinsamt. | **la monnaie de cendre** (f.; péj.): etwa: wertloses Geld (*la cendre:* Asche). | 10 **procurer qc:** etwas verschaffen. | **rien qui vaille de vivre:** nichts, für das es sich zu leben lohnt (*valoir:* gelten, wert sein). ≈

Respect de l'homme! … Là est la pierre de touche! Quand le naziste respecte exclusivement qui lui ressemble, il ne respecte rien que soi-même. Il refuse les contradictions créatrices, ruine tout espoir d'ascension, et fonde pour mille ans, en place d'un homme, le robot d'une termitière. L'ordre pour l'ordre châtre l'homme de son pouvoir essentiel, qui est de transformer et le monde et soi-même. La vie crée l'ordre, mais l'ordre ne crée pas la vie. LO

On attaque les principes au nom de l'homme. Mais l'homme est tel à cause des principes qui l'ont formé. Ainsi chaque libération est destructive. Carn

1 **la pierre de touche** (f.): Prüfstein. | 2 **exclusivement:** ausschließlich. | 4 **la contradiction:** Widerspruch. | **créateur, -trice:** schöpferisch. | **ruiner qc:** etwas zunichtemachen. | 4f. **une ascension:** Aufstieg, Höherentwicklung. | 6 **le robot:** Roboter. | **la termitière:** Termitenhügel. | **l'ordre** (m.) **pour l'ordre:** Ordnung um der Ordnung willen. | **châtrer qn de qc:** jdm. etwas wegnehmen/entziehen (*châtrer:* kastrieren). | 8 **et … et:** sowohl … als auch. ≈ 11 **tel, telle:** ein(e) solche(r, s). | 12 **la libération:** Befreiung. | **destructif, -ive:** zerstörerisch. ≈

Et les biens de la terre glissent entre les doigts comme le sable fin des dunes. TdH

Délivre l'homme et il créera. Cit

Si le respect de l'homme est fondé dans le cœur des hommes, les hommes finiront bien par fonder en retour le système social, politique ou économique qui consacrera ce respect. LO

Nous sommes étrangement soumis aux objets, sans doute à cause de la longue pédagogie publicitaire que nous avons subie. En cela nous sommes des barbares. Carn

3 **délivrer qn:** jdn. befreien. ≈ 4 **fonder:** gründen. | 5 **finir par faire qc:** schließlich etwas tun. | 5f. **en retour:** im Gegenzug. | 7 **consacrer qc:** etwas weihen/segnen. ≈ 8 **être soumis, e à qc:** einer Sache unterworfen/untertan sein. | 8f. **sans doute:** wahrscheinlich, vermutlich. | 9 **publicitaire:** Werbe… | 10 **subir qc:** etwas erdulden/erleiden ≈

Je crois que la primauté de l'homme fonde la seule égalité et la seule liberté qui aient une signification. Je crois en l'égalité des droits de l'homme à travers chaque individu. Et je crois que la liberté est celle de l'ascension de l'homme. Égalité n'est pas identité. La liberté n'est pas l'exaltation de l'individu contre l'homme. Je combattrai quiconque prétendra asservir à un individu – comme à une masse d'individus – la liberté de l'homme. PG

Si tu veux comprendre les hommes, commence d'abord par ne jamais les écouter. Car le cloutier te parle de ses clous. L'astronome de ses étoiles. Et tous oublient la mer. Cit

---

1 **la primauté:** Vorrang, Primat. | **fonder:** (be)gründen. | 4 **un individu:** der/die Einzelne. | 5 **une ascension:** Aufstieg; hier: Höherentwicklung. | **une identité:** hier: Einheitlichkeit. | 6 **une exaltation:** Verherrlichung. | 7 **quiconque:** ein(e) jede(r), der/die; ein(e) jegliche(r), der/die. | **prétendre faire qc:** beabsichtigen/vorhaben, etwas zu tun. | **asservir qc à qn:** jdm. etwas unterordnen. ≈ 11 **le cloutier:** Nagelschmied. ≈

D'une lave en fusion, d'une pâte d'étoile, d'une cellule vivante germée par miracle nous sommes issus, et, peu à peu, nous nous sommes élevés jusqu'à écrire des cantates et à peser des voies lactées. TdH

Il ne savait pas que pour les rois, le monde est très simplifié. Tous les hommes sont des sujets. PP

Quand nous prendrons conscience de notre rôle, même le plus effacé, alors seulement nous serons heureux. Alors seulement nous pourrons vivre en paix et mourir en paix, car ce qui donne un sens à la vie donne un sens à la mort. TdH

1 **la lave:** Lava. | **la fusion:** Schmelzen. | **la pâte:** Teig. | 1 f. **la cellule:** Zelle. | 2 **germer:** keimen. | **être issu, e de qc:** aus etwas hervorgegangen sein, von etwas herstammen. | 3 **s'élever à faire qc:** sich dazu aufschwingen, etwas zu tun. | 4 **la voie lactée:** Milchstraße, Galaxie. ≈ 6 **simplifié, e:** vereinfacht. | **le sujet:** Untertan. ≈ 8 **effacé, e:** verblasst; (fig.) gering, unscheinbar. ≈

Mais de même que la liberté n'est point la licence, ainsi l'ordre n'est point absence de liberté. Cit

---

Celui-là qui veille modestement quelques moutons sous les étoiles, s'il prend conscience de son rôle, se découvre plus qu'un serviteur. Il est une sentinelle. Et chaque sentinelle est responsable de tout l'Empire. TdH

Si tu entends une religion se plaindre des hommes qui ne se laissent point conquérir, tu n'as qu'à rire. La religion doit absorber les hommes, non les hommes s'y soumettre. Cit

---

1 **la licence:** hier: Beliebigkeit, Zügellosigkeit. ≈ 3 **veiller qn:** über jdn. wachen, jdn. hüten. | **modestement:** bescheiden. | 5 **se découvre plus qu'un serviteur:** entdeckt, dass er mehr ist als nur ein Dienender. | **la sentinelle:** Wachposten. ≈
8 **se plaindre de qn:** sich über jdn. beklagen. | 9 **ne … point:** gar nicht, überhaupt nicht. | 10 **absorber qn:** hier: jdn. aufnehmen. | 11 **se soumettre à qc:** sich einer Sache unterwerfen. ≈

Le but justifie les moyens. Oui, mais quand les moyens ne sont pas contradictoires au but. Faire une révolution de gauche pour que l'homme soit honoré (ou ce qui est beau dans l'homme), bien. Mais non par la voie de la calomnie, de la compromission et du chantage qui est manque de respect de l'homme ou de ce qui, dans l'homme, est beau. Carn

Les hommes. Non pas se sacrifier à ce qu'ils sont, mais à ce qu'ils peuvent devenir. Carn

Dans ma civilisation, celui qui diffère de moi, loin de me léser, m'enrichit. PG

2 **être contradictoire à qc:** einer Sache zuwiderlaufen/entgegenstehen. | 3 **honorer qn:** jdn. ehren. | 5 **la calomnie:** Verleumdung. | **la compromission:** Kompromittierung; hier: Diffamierung. | 6 **le chantage:** Erpressung. | **le manque:** Mangel. ≈ 8 **se sacrifier à qc:** sich für etwas aufopfern. ≈
11 **léser qn:** jdn. verletzen, jdm. schaden. | **enrichir qn:** jdn. bereichern. ≈

Toute propagande est un monstre amoral qui, pour être efficace, fait appel à n'importe quel sentiment noble, vulgaire ou bas. LAm

Sil y a choix entre gouvernement par l'individu et gouvernement par la masse … je pense – et la petite ville de province me l'apprend – que le gouvernement par la masse est le plus écrasant et le plus injuste qui soit. Carn

L'énorme absurdité des temps présents me pèse sur le cœur. C'est bien toujours la même chose: l'époque présente n'est pas pensée. Parce que tout a évolué beaucoup trop vite, depuis cent ans, et que la pensée est une digestion beaucoup trop lente. LCh

1 **le monstre:** Ungeheuer, Monstrum. | **amoral, e:** unmoralisch. | 2 **efficace:** wirksam. | **faire appel à qc:** an etwas appellieren. | 3 **noble:** edel. | **vulgaire:** gewöhnlich, vulgär. | **bas, se:** niedrig. ≈ 4 **un individu:** der/die Einzelne. | 7 **écrasant, e:** erdrückend. ≈ 9 f. **peser sur le cœur à qn:** jdn. bedrücken/belasten. | 13 **la digestion:** Verdauung. ≈

Quand l'homme a besoin, pour se sentir homme, de courir des courses, de chanter en chœur, ou de faire la guerre, ce sont déjà des liens qu'il s'impose afin de se nouer à autrui et au monde. Mais combien pauvres! Si une civilisation est forte, elle comble l'homme, même si le voilà immobile. PG

La guerre n'est pas une aventure. La guerre est une maladie. Comme le typhus. PG

J'ai vu la flamme de la liberté faire resplendir les hommes, et la tyrannie les abrutir. Cit

---

2 **courir des courses** (f. pl.): Wettläufe/Wettrennen machen. | **la chœur:** Chor. | 3 **le lien:** Band, Fessel. | **s'imposer qc:** sich etwas auferlegen. | 4 **se nouer à autrui:** sich mit jemand anderem verbinden. | 5 **combler qn:** jdn. erfüllen. ≈
8 **le typhus** [tifys]: Typhus. ≈ 9 **faire resplendir qn:** jdn. erstrahlen lassen. | 10 **abrutir qn:** jdn. verdummen. ≈

Ce qui m'effraie bien plus que la guerre, c'est le monde de demain. Tous ces villages détruits, toutes ces familles dispersées. La mort, ça m'est égal, mais je n'aime pas que l'on touche à la communauté spirituelle. Je nous voudrais tous réunis autour d'une table blanche. LM

1 **effrayer qn:** jdm. Angst machen, jdn. (er)schrecken. | 3 **disperser:** verstreuen, zersprengen, auseinanderreißen. ≈

»Das bin ich, aus dem Kriegsdienst entlassen und ungewiss über die Zukunft ...« Widmung Saint-Exupérys für René Gavoille in einem Exemplar von Terre des Hommes (1940).

Le langage, l'intellect

L'homme par son langage ordonne l'univers et, quand les concepts en jeu ne créent plus l'ordre, il change ses concepts pour d'autres créant ainsi un ordre plus général. Tel est le seul mais véritable progrès scientifique. Et je sais bien que je renoncerai bientôt à mon ensemble de notions conceptuelles, qu'elles deviendront toutes fausses, au titre où le profane entend ce mot. Mais peu m'importe à moi qui ne prétends qu'ordonner le monde de plus en plus et trouver dans ce but le meilleur langage «actuel». Carn

Mais la vérité, vous le savez, c'est ce qui simplifie le monde et non ce qui crée le chaos. TdH

2 **ordonner qc:** etwas ordnen, einer Sache eine Ordnung geben. | 3 **le concept:** Begriff. | **en jeu:** im Spiel; hier: verwendet. | 5 **tel/telle est ...:** das/so/solcherart ist ... | 7 **l'ensemble** (m.) **de notions** (f.) **conceptuelles:** etwa: die gesamte Begrifflichkeit. | 8 **au titre où:** etwa: in dem Sinne, wie. | **le/la profane:** Laie/Laiin. | 9 **prétendre faire qc:** beabsichtigen/vorhaben, etwas zu tun. ≈ 12 **simplifier qc:** etwas vereinfachen. | 13 **le chaos:** Aussprache [kao]. ≈

La nostalgie, c'est le désir d'on ne sait quoi … Il existe, l'objet du désir, mais il n'est point de mots pour le dire. TdH

La vie n'est ni simple ni complexe, ni claire ni obscure, ni contradictoire ni cohérente. Elle est. Le langage seul l'ordonne ou la complique, l'éclaire ou l'obscurcit, la diversifie ou l'assemble. Cit

Il vaut mieux taire certains miracles. Il vaut même mieux n'y pas trop songer, sinon l'on ne comprend plus rien. Sinon l'on doute de Dieu … TdH

1 **la nostalgie:** Sehnsucht. | **le désir d'on ne sait quoi:** das Verlangen nach etwas Unbestimmtem. ≈ 4 f. **obscur, e:** dunkel. | 5 **contradictoire:** widersprüchlich. | **cohérent, e:** zusammenhängend, kohärent; hier: logisch nachvollziehbar. | 6 **ordonner qc:** etwas ordnen. | **compliquer qc:** etwas verkomplizieren. | 7 **obscurcir qc:** etwas verdunkeln / unklar machen. | **diversifier qc:** hier: etwas zerstückeln. | **assembler qc:** etwas zusammenfügen. ≈ 8 **taire qc:** etwas verschweigen. | 9 **songer à qc:** an etwas denken, über etwas nachsinnen. ≈

La vie se définit contre la statistique. Il est absurde de chercher à l'expliquer par la statistique. Carn

~

Notre tourment est un tourment vieux comme l'espèce humaine. Il a présidé aux progrès de l'homme. Une société évolue et l'on cherche encore à saisir, par l'instrument d'un langage périmé, les réalités présentes. Valable ou non, on est prisonnier d'un langage et des images qu'il charrie. C'est le langage insuffisant qui se fait, peu à peu, contradictoire: ce ne sont jamais les réalités. Quand l'homme forge un concept nouveau, alors seulement il se délivre. L'opération qui fait progresser n'est point qui consiste à imaginer un monde futur: comment saurons-nous tenir compte des contradictions inattendues qui naîtront demain

3 **le tourment:** (Seelen-)Qual. | 3f. **l'espèce** (f.) **humaine:** die Gattung Mensch. | 4 **présider à qc:** bei etwas den Vorsitz führen, etwas leiten. | 5 **saisir qc:** etwas erfassen/begreifen. | 6 **périmé, e:** veraltet. | 7 **être valable:** hier: etwas taugen. | 8 **charrier qc:** hier: etwas transportieren / mit sich führen. | **insuffisant, e:** unzureichend. | 9 **contradictoire:** widersprüchlich. | 10 **forger qc:** etwas schmieden; hier: (Begriff) prägen. | 11 **se délivrer:** sich befreien. | **une opération:** hier: Verfahren. | 11f. **faire progresser** (*qn*): (jdn.) voranbringen. | 12 **ne … point:** gar nicht, keineswegs. | 13 **tenir compte** (m.) **de qc:** etwas berücksichtigen. | 14 **la contradiction:** Widerspruch.

de nos prémices, et, imposant la nécessité de synthèses nouvelles, changeront la marche de l'histoire? Le monde futur échappe à l'analyse. L'homme progresse en forgeant un langage pour penser le monde de son temps. Art

Je me méfie de celui qui tend à juger d'un point de vue. Comme de celui-là qui, se trouvant ambassadeur d'une grande cause, s'y étant soumis, se fait aveugle. Cit

La liberté de l'esprit permet seule la progression de la pensée. Am

1 **la prémice:** Vorüberlegung, Prämisse. | **imposer qc:** etwas aufzwingen, zu etwas zwingen. | **la nécessité:** Notwendigkeit. | 3 **échapper à qc:** sich einer Sache entziehen. | 3 f. **progresser:** voranschreiten; hier: sich weiterentwickeln. ≈
6 **se méfier de qn:** jdm. misstrauen, sich vor jdm. in Acht nehmen. | **le point de vue:** Standpunkt. | 7 **un ambassadeur / une ambassadrice:** Botschafter(in). | 8 **la cause:** hier: Sache (für die man kämpft). | **se soumettre à qc:** sich einer Sache unterwerfen. ≈

Je pense par contradictions. Ma vérité est en morceaux, et je ne peux que les considérer l'un après l'autre. Si je suis vivant, j'attendrai la nuit pour réfléchir. La nuit bien-aimée. La nuit, la raison dort, et simplement les choses sont. Celles qui importent véritablement prennent leur forme, survivent aux destructions des analyses du jour. L'homme renoue ses morceaux et redevient arbre calme. PG

Il est vrai que la science progresse exclusivement par observations – ou, si l'on préfère – seule l'observation s'inscrit dans la science. Cependant s'il en était ainsi on ne comprendrait pas pourquoi les Babyloniens n'avaient pas, déjà, fondé la science. Carn

1 **la contradiction:** Widerspruch. | 5 **importer:** hier: von Bedeutung sein. | 6 f. **des destructions** (f. pl.): etwa: zerstörerisches Werk. | 7 **renouer qc:** etwa: etwas wieder zusammenfügen. ≈ 9 **il est vrai que ...:** immerhin ..., zwar ... | **exclusivement:** ausschließlich. | 10 **une observation:** Beobachtung. | 11 **s'inscrire dans qc:** sich in etwas niederschlagen. | 12 **le Babylonien / la Babylonienne:** Babylonier(in). | 13 **fonder:** (be)gründen. ≈

Cette incommunicabilité de l'époque me touche plus que tout au monde. J'ai tellement envie, déjà, de les quitter tous, ces imbéciles. Qu'ai-je à faire ici sur cette planète? On ne veut pas de moi? Comme ça tombe bien: je ne voulais pas d'eux! Je leur rendrais avec plaisir mon tablier de contemporain. Je ne parviens pas à en trouver un qui ait quelque chose à me dire qui m'intéresse. Ils me haïssent? C'est surtout fatigant, je voudrais bien me reposer. Je voudrais être jardinier parmi des légumes. Ou être mort. LCh

Il serait vraiment curieux que l'homme par son seul langage saisît le monde extérieur et le rendît cohérent – et non lui-même ni ce qui touche sa propre vie … Carn

1 **une incommunicabilité:** Unfähigkeit, zu kommunizieren; Sprachlosigkeit. | 3 **un/une imbécile:** Dummkopf, Idiot(in). | 4 f. **ça tombe bien:** das trifft sich gut. | 6 **le tablier de contemporain** (m.): etwa: Zeitgenossenuniform (*le tablier:* Schürze, Kittel). | 6 f. **parvenir à faire qc:** es schaffen, etwas zu tun. ≈
12 **saisir qc:** etwas erfassen/begreifen (*saisît* ist, wie *rendît,* subjonctif imparfait). | 12 f. **cohérent, e:** zusammenhängend, kohärent. ≈

L'heure est venue de penser droit et de nourrir de sens des mots qui ont perdu toute valeur marchande, car sont neufs les problèmes posés, et confus et contradictoires. LK

Je prends possession du monde par les mots. Carn

Quand les vérités sont évidentes et absolument contradictoires, tu ne peux rien, sinon changer ton langage. Cit

Les hommes n'ont point de langage pour penser le monde d'aujourd'hui. Carn

1f. **nourrir qc de sens** (m.): etwas mit Sinn füllen (*nourrir:* [er]nähren, füttern). | 2 **la valeur marchande:** Gebrauchswert. | 3 **les problèmes posés:** die Probleme, die sich stellen / vor denen man steht. | 3f. **et … et:** sowohl … als auch.
7 **contradictoire:** widersprüchlich.

La connaissance ce n'est point la possession de vérités mais d'un langage cohérent. Carn

Il faut me chercher tel que je suis dans ce que j'écris et qui est le résultat scrupuleux et réfléchi de ce que je pense et vois. Alors dans la tranquillité de ma chambre ou d'un bistro, je peux me mettre bien face à face avec moi-même et éviter toute formule, truquage littéraire et m'exprimer avec effort. Je me sens alors honnête et consciencieux. [...] Il faut me pardonner de n'être pas facilement à la surface et de rester tout en dedans. On est comme on peut et c'est même quelquefois un peu lourd. Il y a bien peu de gens qui puissent dire avoir eu une confidence vraie de moi et me connaître le moins du monde. LM

1 **la connaissance:** hier: Erkenntnis. | **ne ... point:** gar nicht, überhaupt nicht. | 2 **cohérent, e:** in sich geschlossen/logisch. ≈ 3 **tel que je suis:** so, wie ich bin. | 4 **scrupuleux, -euse:** gewissenhaft, peinlich genau. | **réfléchi, e:** wohlüberlegt. | 7 **la formule:** hier: Floskel. | 7 f. **le truquage:** Verfälschung. | 9 **consciencieux, -euse:** gewissenhaft. | 13 **la confidence:** vertrauliche Mitteilung. | 14 **le moins du monde:** etwa: auch nur im geringsten. ≈

»Es ist traurig … niemand denkt daran, mich anzurufen …«
Zeichnung Saint-Exupérys im Brief an eine Freundin, ca. 1943.

Mais quand il s'agit de parler sur l'homme, le langage devient incommode. L'homme se distingue des hommes. On ne dit rien d'essentiel sur la cathédrale, si l'on ne parle que de ses pierres. On ne dit rien d'essentiel sur l'homme, si l'on cherche à le définir par des qualités d'homme. PG

Quand je me heurte à la complexité croissante de la science contemporaine, je sens la science devenir de plus en plus difficile. Et cependant, elle était encore plus difficile quand on a abordé l'étude de la nature, qui était autrement contradictoire et confuse pour le langage alors parlé. Il faudra un nouveau langage. Carn

2 **incommode:** unzweckmäßig, untauglich. ≈ 7 **se heurter à qc:** sich an etwas stoßen. | **croissant, e:** zunehmend. | 8 **contemporain, e:** gegenwärtig, derzeitig, zeitgenössisch. | 10 **aborder qc:** mit etwas beginnen, etwas angehen. | 11 **autrement contradictoire:** etwa: weit widersprüchlicher. ≈

Derniers mots

Am 31. Juli 1944, um 8.45 Uhr, startet Antoine de Saint-Exupéry von Korsika aus zu seinem letzten Aufklärungsflug. Sein Flugzeug verfügt nicht über Waffen. Auf dem Tisch in seiner Offizierskammer hinterlässt er zwei Briefe, einer davon ist adressiert an den Freund Pierre Dalloz, der zu jener Zeit im Untergrund gegen die deutschen Besatzer kämpft:

Cher cher Dalloz, que je regrette vos quatre lignes! Vous êtes sans doute le seul homme que je reconnaisse comme tel sur ce continent. J'aurais aimé savoir ce que vous pensez des temps présents. Moi, je désespère.

J'imagine que vous pensez que j'avais raison sous tous les angles, sur tous les plans. Quelle odeur! Fasse le ciel que vous me donniez tort. Que je serais heureux de votre témoignage.

Moi, je fais la guerre le plus profondément possible. Je suis certes le doyen des pilotes de guerre du

9 **que je regrette:** wie sehr vermisse ich. | 10 **sans doute:** wahrscheinlich (*sans aucun doute:* ohne jeden Zweifel). | 11 **comme tel/telle:** als solche(n, s). | 14 **un angle:** (Blick-)Winkel. | **sur tous les plans** (m. pl.): auf allen Ebenen, in jeder Hinsicht. | 14f. **fasse le ciel:** gebe der Himmel. | 15 **donner tort** (m.) **à qn:** jdm Unrecht geben. | 16 **le témoignage:** Aussage, Zeugnis (das man ablegt). | 18 **le doyen / la doyenne:** Älteste(r). |

monde. La limite d'age est de trente an sur le type d'avion monoplace de chasseur que je pilote. Et l'autre jour, j'ai eu la panne d'un moteur, à 10 000 mètres d'altitude, au-dessus d'Annecy, à l'heure même où j'avais … quarante-quatre ans! Tandis que je ramais sur les Alpes à vitesse de tortue, à la merci de toute la chasse allemande, je rigolais doucement en songeant aux superpatriotes qui interdisent mes livres en Afrique du Nord. C'est drôle!

J'ai tout connu depuis mon retour à l'escadrille (ce retour est un mircale). J'ai connu la panne, l'évanouissement par accident d'oxygène, la poursuite par les chasseurs, et aussi l'incendie en vol. Je ne me crois pas trop avare et je me sens charpentier sain. C'est ma seule satisfaction! Et aussi de me promener, seul avion et seul à bord, des heures durant, sur

2 **un avion monoplace:** einsitziges Flugzeug. | **le chasseur:** hier: Jagdflugzeug. | 3 **l'autre jour** (m.): neulich. | 4 **une altitude:** Höhe. | **Annecy** [ansɪ]: ostfranzösische Stadt mit ungefähr 125 000 Einwohnern und Hauptstadt des Départements Haute-Savoie. | 6 **ramer:** rudern; (fam.) sich abstrampeln. | **la tortue:** Schildkröte. | 6 f. **être à la merci de qn:** jdm. ausgeliefert sein. | 7 **la chasse:** hier: Jagdgeschwader. | 10 **une escadrille:** (Flieger-)Staffel. | 11 f. **un évanouissement:** Ohnmacht. | 12 **par accident** (m.) **d'oxygène** (m.): etwa: aus Sauerstoffmangel. | **la poursuite:** Verfolgung. | 13 **un incendie:** Brand. | **en vol** (m.): während des Flugs. | 14 **avare:** geizig. | **le charpentier:** Zimmermann. | 16 **des heures** (f. pl.) **durant:** stundenlang.

Antoine de Saint-Exupéry mit seiner Lockheed F-5B-1-LO Lightning nahe der Küste von Sardinien, 1944.

la France, à prendre des photographies. Ça, c'est étrange.

Ici on est loin du bain de haine, malgré la gentillesse de l'escadrille, c'est tout de même un peu la misère humaine. Je n'ai personne, jamais, avec qui parler. C'est déjà quelque chose d'avoir avec qui vivre. Mais quelle solitude spirituelle.

Si je suis descendu, je ne regretterai absolument rien. La termitière future m'épouvante. Et je hais leur vertu de robots. Moi, j'étais fait pour être jardinier.

Je vous embrasse.

SAINT-EX. LD1

3 **la °haine:** Hass. | 4 **tout de même:** trotzdem; immerhin. | 8 **descendre qn:** hier (fam.): jdn. abschießen. | 9 **la termitière:** Termitenhügel. | **épouvanter qn:** jdn. in Schrecken versetzen, jdm. Angst machen. | 11 **embrasser qn:** jdn. umarmen. ≈

»Citadelle«, das Buch, das doppelt so umfangreich ist wie alle zuvor erschienenen Werke Saint-Exupérys zusammen, wird häufig als sein Testament bezeichnet. Saint-Exupéry begann 1936 daran zu arbeiten und konnte es nicht mehr vollenden; die erste Ausgabe erschien 1948, nach seinem Tod. Eines der letzten Kapitel endet mit diesen Worten:

Seigneur, me voilà vieux et de la faiblesse des arbres quand vente l'hiver. Las de mes ennemis comme de mes amis. Non satisfait dans ma pensée d'être contraint de tuer, à la fois, et de guérir, car me vient de Toi le besoin de dominer tous les contraires qui me fait si cruel mon sort. Et cependant ainsi contraint de monter, de moins de questions en moins de questions, vers Ton silence.

Seigneur, de celui-là qui repose au nord de mon empire et fut l'ennemi bien-aimé, du géomètre, le

9 **le Seigneur:** der Herr. | 10 **venter** (meistens unpersönlich: *il vente*): wehen, stürmen. | **être las, se de qc:** einer Sache überdrüssig sein. | 11 f. **être contraint, e de faire qc:** dazu gezwungen sein/werden, etwas zu tun. | 12 **à la fois:** gleichermaßen. | **guérir:** heilen. | 13 **dominer qc:** etwas beherrschen/meistern. | **le contraire:** hier: Gegensatz. | 14 **cruel, le:** grausam. | **le sort:** Schicksal.

seul véritable, mon ami, et de moi-même qui ai, hélas, passé la crête et laisse en arrière ma génération comme sur le versant désormais révolu d'une montagne, daigne faire l'unité pour Ta gloire, en m'endormant au creux de ces sables déserts où j'ai bien travaillé. Cit

1f. **hélas** [elɑs] (interj.): ach!, leider! | 2 **la crête:** (Gebirge) Kamm. | **laisser qn en arrière:** jdn. zurücklassen. | 3 **le versant:** (Ab-)Hang. | **désormais:** von nun an. | **révolu, e:** vergangen; hier: (Berg) bezwungen. | 4 **daigner faire qc:** geruhen, etwas zu tun. | 4f. **endormir qn:** jdn. einschlafen lassen. | 5 **au creux** (m.) **de:** im Schoße von (*le creux:* Kuhle). | **désert, e:** unbewohnt, öde.

Editorische Notiz

Alle Zitate sind der zweibändigen Ausgabe der Werke Saint-Exupérys in der Bibliothèque de la Pléiade entnommen:

> Antoine de Saint-Exupéry: Œuvres complètes. Édition publiée sous la direction de Michel Autrand et de Michel Quesnel avec la collaboration de Frédéric d'Agay, Paul Bounin et Françoise Gerbod. 2 Bände. Paris: Éditions Gallimard, 1994.

Nach einem Zitat ist jeweils das Werk angegeben, aus dem es stammt. Die Abkürzungen bedeuten im einzelnen:

Am	*Aux Américains*
Art	*Articles*
Carn	*Carnets*
Cit	*Citadelle*
CSud	*Courrier Sud*
LAm	*Lettre à un Américain*
LAmis	*Lettres aux amis*
LCh	*Lettres à Pierre Chevrier*
LCr	*Lettre à Benjamin Crémieux*
LDc	*Lettres à Ludie-Marie Decour*
LDl	*Lettre à Pierre Dalloz*

LH	*Lettres à Silvia Hamilton*
LK	*Lettre à Joseph Kessel*
LL	*Lettres à Yvonne de Lestrange*
LM	*Lettres à sa mère*
LO	*Lettre à un otage*
LR	*Lettre à Mme François de Rose*
MAm	*Message aux jeunes Américains*
PG	*Pilote de guerre*
PP	*Le Petit Prince*
Rep	*Reportages*
TdH	*Terre des Hommes*
VN	*Vol de Nuit*

Das Glossar enthält alle Wörter, die im *Thematischen Grund- und Aufbauwortschatz Französisch* von Wolfgang Fischer und Anne-Marie Le Plouhinec (Stuttgart: Klett, 12. Aufl. 2009) nicht zum Grundwortschatz zählen.

Das Zeichen »°« vor einem Wort, das mit *h* beginnt, bedeutet, dass davor nicht gebunden oder gekürzt werden kann. Beispiel: °hurler: je hurle, °haricot: le haricot.

Im Glossar verwendete französische Abkürzungen:

abr.	abréviation (Abkürzung)
adv.	adverbe
biol.	biologie

f.	féminin
fam.	familier (umgangssprachlich)
fig.	sens figuré (übertragen)
imp.	impératif (Befehlsform)
interj.	interjection (Ausruf)
jur.	langage juridique
litt.	littéraire
m.	masculin
p.p.	participe passé
péj.	péjoratif (abwertend)
pl.	pluriel
qc	quelque chose
qn	quelqu'un
zool.	zoologie

Zum Weiterlesen

Die Werke Saint-Exupérys sind in der Taschenbuchreihe »Folio« im Verlag Gallimard einzeln lieferbar.

Gesamtausgabe:

Antoine de Saint-Exupéry: Œuvres complètes. Édition publiée sous la direction de Michel Autrand et de Michel Quesnel avec la collaboration de Frédéric d'Agay, Paul Bounin et Françoise Gerbod. 2 Bände. Paris: Gallimard, 1994. (Bibliothèque de la Pléiade. 1212 und 1510 Seiten.)

Großformatige preisgünstige Ausgabe:

Du vent, du sable et des étoiles. Œuvres. (Courrier Sud – Vol de nuit – Terre des hommes – Pilote de guerre – Le Petit Prince – Lettre à un otage – Citadelle – Poèmes de guerre – L'Adieu – Le Carnet de Casablanca – «Un vol» et autres contes – Poèmes pour Loulou – Manon, danseuse – L'Aviateur – Lettres à l'inconnue – Souvenirs et correspondances – Scénarios – Manuscrits et dessins.) Paris: Gallimard, 2018. (1679 Seiten; 602 Abbildungen.)

»Le Petit Prince« in der Originalfassung mit Worterklärungen bei Reclam:

Antoine de Saint-Exupéry: Le Petit Prince. Herausgegeben von Ernst Kemmner. Stuttgart: Reclam, 2015. (Fremdsprachentexte.)

Auf Deutsch:
Antoine de Saint-Exupéry: Der kleine Prinz. Übersetzt von Ulrich Bossier. Stuttgart: Reclam, 2015.

Die meisten der Zitate in diesem Band sind auf Deutsch erschienen in:
Antoine de Saint-Exupéry: Herzensworte. Die schönsten Zitate. Ausgewählt von Ernst Kemmner. [Aus dem Französischen von Willi Verlaat.] Stuttgart: Reclam, 2019. (Universal-Bibliothek 19598.)

Die Erinnerungen von Saint-Exupérys Schwester:
Simone de Saint-Exupéry: Cinq enfants dans un parc. Paris: Gallimard, 2000.

Die Erinnerungen von Léon Werth, dem »besten Freund auf der Welt«, dem der »Kleine Prinz« gewidmet ist:
René Delange: La vie de Saint-Exupéry. Suivi de: Tel que je l'ai connu … Par Léon Werth. Paris: Éd. du Seuil, 1948.
Wiederveröffentlicht mit zahlreichen Abbildungen im Verlag Viviane Hamy:
Léon Werth: Saint-Exupéry tel que je l'ai connu. Paris: Hamy, 2010.

Bildbände:

Album Saint-Exupéry. Iconographie choisie et commentée par Jean-Daniel Pariset et Frédéric d'Agay. Paris: Gallimard, 1994.
Eines der vielbegehrten »Albums de la Pléiade«, die in jedem Frühjahr erscheinen, 336 Seiten mit 437 Abbildungen.

John Philipps: Au revoir Saint-Ex. Paris: Gallimard, 1994.
Mit zahlreichen Fotos, die vor allem den Flieger Saint-Exupéry zeigen.

Jean-Pierre Guéno: La mémoire du Petit Prince. Antoine de Saint-Exupéry, le journal d'une vie. Paris: Jacob-Duvernet, 2009.
Sehr schöner Bildband, der das Leben Saint-Exupérys chronologisch nachzeichnet.

Joann Sfar: Le Petit Prince. D'après l'œuvre d'Antoine de Saint-Exupéry. Paris: Gallimard, 2008.
Die Begegnung Saint-Exupérys mit dem kleinen Prinzen in der Wüste in Comic-Form, von dem berühmten Comic-Autor Joann Sfar gezeichnet und getextet.

Nachwort

Antoine de Saint-Exupéry wird am 29. Juni 1900 als Spross einer Adelsfamilie in Lyon geboren. Trotz des frühen Todes seines Vaters verlebt er eine glückliche, behütete und von materiellen Sorgen ungetrübte Kindheit auf dem großelterlichen Familiensitz La Môle in Südfrankreich, ohne allerdings in der Schule zu glänzen.[1] Gleichwohl legt er 1917 das *baccalauréat* in einem Internat bei Villefranche ab, scheitert aber in der Aufnahmeprüfung für die *École Navale*, was seinen Traum von einer Karriere als Marineoffizier jäh beendet. Erschüttert vom Tod seines Bruders im gleichen Jahr, beginnt Saint-Exupéry ein Studium der Architektur an der *École nationale supérieure des beaux-arts*, die er jedoch ohne Abschluss wieder verlässt.

Nach zweijährigem Wehrdienst bei der Luftwaffe in Straßburg von 1921 an und einer Ausbildung zum Flugzeugmechaniker absolviert er nach einigen Hindernissen und mittels von ihm selbst bezahlter Flugstunden seine Ausbildung zum Piloten. Saint-Exupéry versucht sich auch kurze Zeit in bürgerlichen Berufen, so zum Beispiel als kaufmännischer Ange-

1 Bei Saint-Exupéry, der sich später als glänzender Stilist mit wortgewaltig prägnanter Darstellung hervortat, haperte es ausgerechnet im französischen Aufsatz.

stellter und Vertreter für Lastwagen, ohne indessen seine eigentliche Berufung, die Fliegerei, aus den Augen zu verlieren.

1926 wird er Angestellter beim Luftfrachtunternehmen Latécoère, aus dem später die französische *Aéropostale* hervorgehen wird. Zunächst fliegt er die Strecken von Toulouse nach Dakar und von Dakar nach Casablanca und übernimmt 1926 die schwierige Aufgabe der Leitung des Wüstenflugplatzes Cap Juby. Die sich daraus ergebenden Konflikte mit Beduinenstämmen und seine Rettungseinsätze bei Notlandungen von Flugkollegen finden Eingang in seine ersten Romane.[2] 1929 avanciert er zum Leiter der argentinischen Luftfrachtgesellschaft, wo ihm die heikle Aufgabe der Organisation und Durchführung von Nachtflügen obliegt. Die einschlägigen Erfahrungen dabei verarbeitet er literarisch in seinem ersten Roman *Courrier Sud* von 1929 und im 1931 veröffentlich-

2 »[...] bereits damals machten rebellische Wüstenstämme die Kolonie Rio de Oro in Nordwestafrika unsicher. Der Flugverkehr musste vorübergehend eingestellt werden, nachdem Eingeborene notgelandete Flieger zu Tode gequält hatten. Saint-Exupéry schaffte es innerhalb weniger Monate, die Rebellen zu befrieden: Er gewann das Vertrauen der Anführer und wurde am Ende sogar zum Schiedsmann gemacht, der Fehden der Stämme untereinander zu schlichten hatte« (zit. nach: *Der Spiegel* 6, 1960: »Saint-Exupéry – Ein bisschen Zorn«; www.spiegel.de/spiegel/print/d-43063198.html).

ten zweiten *Vol de Nuit*. In dieser Zeit trifft er auch mit den legendären französischen Flugpionieren der *Aéropostale*, Jean Mermoz und Henri Guillaumet, zusammen, die Vorbild für manche seiner Romanfiguren werden und mit denen zusammen er die Flugfrachtlinie bis nach Patagonien ausbaut.

Nachdem Saint-Exupéry für seine Verdienste auf Cap Juby und beim Aufbau der französischen Verkehrsfliegerei 1930 zum Ritter der Ehrenlegion ernannt wird, heiratet er im Jahr darauf Consuelo Suncín, was ihn in seinem Drang zu unstetem Leben mit Abenteuercharakter aber nicht bremst. Nachdem 1932 seine Luftfrachtgesellschaft von *Air France* geschluckt und seine berufliche Zukunft als Postflieger prekär wird, versucht er verstärkt, sein Brot als Schriftsteller und Journalist zu verdienen, zum Beispiel als Berichterstatter für *Paris-Soir* und den *Intransigeant* mit Reportagen über Vietnam, Russland oder wieder ab 1937, diesmal über den Spanischen Bürgerkrieg.[3] Daneben bleibt er Versuchspilot und wird 1935 im Zuge eines versuchten Rekordflugs, zusammen mit seinem Bordmechaniker Prévot, in der libyschen

3 Ernüchtert und ganz ohne verherrlichendes Kriegspathos schreibt er hierzu: »Es herrscht hier eine Krankenhausatmosphäre. Ja, das empfand ich deutlich [...] Ein Bürgerkrieg ist kein Krieg, sondern eine Krankheit« (zit. nach: *Der Spiegel* 6, 1960, s. Fußn. 2).

Wüste in Ägypten zu einer Notlandung gezwungen. Nach fünftägigem Ausharren in der Wüste ohne Wasser und Lebensmittel werden die beiden schließlich wie durch ein Wunder noch durch eine Karawane gerettet – die Situation der in der Wüste Gestrandeten ähnelt der Ausgangssituation in *Le Petit Prince*. Das achtundfünfzig Seiten umfassende Manuskript aus der Feder Saint-Exupérys mit der Schilderung des Flugabenteuers und der dramatischen Rettung wurde 2009 versteigert. Die Grenzerfahrungen dieses Überlebenskampfes finden auch Eingang in seinen dritten Roman *Terre des Hommes* von 1939. Für dieses Werk, das in Amerika unter dem Titel *Wind, Sand and Stars* zum Bestseller wird und in dem das Hohe Lied von Männerfreundschaft, Pflichtbewusstsein, Solidarität, Brüderlichkeit und Humanität gesungen wird, erhält Saint-Exupéry den Preis der Académie Française.

Bereits 1938 kommt es zu einem weiteren dramatischen Vorfall, bei dem Saint-Exupéry um Haaresbreite dem Tod entgeht. Bei einem Langstreckenflug von New York nach Feuerland wird er über Guatemala in einen Absturz verwickelt, bei dem er sich eine Schädelfraktur und diverse Knochenbrüche zuzieht, von denen er sich zeitlebens nicht mehr richtig erholt. Obwohl er wegen dieser Verletzungsfolgen eigentlich dienstunfähig ist, meldet er sich 1939 zum Kriegsdienst und wird in der Pilotenausbildung eingesetzt. Er steigt in den Rang eines Majors auf und fliegt für kurze Zeit Einsätze in einem Aufklärungsgeschwader, bis die deutsche Offensive bereits im Juni 1940 mit dem völligen Zusammenbruch Frankreichs endet.

Im selben Jahr geht Saint-Exupéry auf Einladung seines Verlegers nach New York, wo erste Überlegungen zu *Le Petit Prince* Gestalt annehmen, der 1943 bei Reynal & Hitchcock erscheint. Ab diesem Jahr wird Saint-Exupéry auch wieder Pilot der französischen Luftwaffe, obwohl seine Flugkünste auf Grund der Verletzungsfolgen deutlich nachgelassen haben und er eigentlich bereits ausgemustert ist. Seine Staffel wird nach Sardinien, später nach Korsika verlegt. Bei einem Aufklärungsflug am 31. Juli 1944 vom Flughafen Borgo bei Bastia auf Korsika aus wird er am Abend als vermisst gemeldet. Bis zum heutigen Tag ist nicht abschließend geklärt, ob Saint-Exupérys Flugzeug von einem deutschen Abfangjäger abgeschossen wurde oder ob bei seinem Absturz technisches oder menschliches Versagen vorlag.[4] In seinem letzten

4 »›Es ist in der Nähe von Toulon passiert‹, sagte der 88-jährige Horst Rippert am Samstag der Nachrichtenagentur AFP. ›Er flog unter mir, ich war über der See auf einem Aufklärungsflug.‹ Er habe das französische Hoheitszeichen am Flugzeug gesehen, sei eine Kurve geflogen und habe sich hinter den

Brief vor seinem Tod scheint sogar eine Art Todesahnung durch, wenn er über zukünftige Entwicklungen sagt: »Holt man mich einmal herunter, […] so habe ich absolut nichts zu bedauern. Der künftige Termitenhaufen mit den mir so verhassten Robotertugenden ist mir schon jetzt ein Graus.«[5]

Ernst Kemmner

französischen Flieger gesetzt […]. Dann habe er ihn abgeschossen. ›Wenn ich gewusst hätte, dass das Saint-Exupéry war, hätte ich niemals geschossen, niemals‹, beteuerte der ehemalige Luftwaffen-Pilot. Der Franzose sei einer seiner Lieblingsautoren gewesen. Er habe erst sehr viel später erfahren, dass er für das Verschwinden des Schriftstellers verantwortlich sei, sagte Rippert, der später als Sportjournalist beim ZDF arbeitete« (zit. nach: derstandard.at/3266412?seite=2).

5 Zit. nach: *Der Spiegel* 6 (1960) (s. Fußn. 2); vgl. in diesem Band S. 84.